나무 이야기 ⑪

나무와 더불어 사는 삶

나무 심는 나무꾼
이 종 만

도서출판 홍두깨

PREFACE

　나무 심는 나무꾼으로 살아오면서 "나무 이야기 제9권"과 함께 벌써 11번째 저서를 발간합니다. 한 권 두 권 쌓여가면서 과연 이 글이 독자 제위諸位께 얼마나 사랑받을 수 있을까 걱정도 되고 두려움도 있었습니다만 매번 격려해 주시는 분들의 마음이 전달되어 용기를 얻어 여기까지 오게 되었습니다.

　돌이켜보면 매권每卷마다 기억이 새롭습니다. 나무 이야기를 시작하게 된 것은 이시형 박사님을 만난 그 인연에서 시작되었습니다. 글을 쓰면서 나무에 대한 것을 더 많이 배우고 익히면서 얻은 깨달음으로 저의 삶이 더욱더 단단해졌습니다. 감사합니다.

　박사님이 운영하시는 강원도 홍천의 선 마을을 찾아가 뵙던 어느 날

　"나무꾼, 저기 좀 보게. '이리 오라.'고 우리를 부르고 있지 않은가?"

　선 마을 뒷산 하늘을 가리키며 하신 말씀이었습니다. 손짓으로 가리키는 그곳에는 푸른 하늘뿐 보이는 것은 없었습니다. 당황하여 두리번거리는 나에게 환한 미소를 띠며 '저기서 부르니 어서 가 보자.'고 재촉하며 일어서셨습니다. 그러나 거기 어디에도 우리를 부르는 사람은 그림자도 보이지 않았습니다. 의아한 눈으로 두리번거리는 나에게 미소를 지으며

　"봐라. 저 애타게 부르는 손짓을…. 참으로 아름답지 않은가?"

그제야 아차 싶었습니다. 그것은 뒷산을 장식하고 있는 단풍나무숲이었습니다. 단풍나무의 손짓은 처음이 아니었습니다. 그러나 오늘의 나무가 어제의 나무가 아니고, 지금의 흔들림이 어제의 흔들림이 아니었습니다. 매시간, 매 순간마다 다른 언어와 다른 메시지로 우리를 반겨주는 이웃이었던 것입니다. 박사님의 시선에 들어오는 단풍나무는 살아있는 생명이요, 강렬한 메시지였습니다. 박사님께서는 나무의 숨결마저 생생하게 읽을 수 있는 참 소통을 하고 계셨던 것입니다.

"이 선생, 평생 나무 심는 나무꾼으로 살아온 사람이라면 저 나무의 언어가 들리지 않소?"

"예, 항상 들으며 담소談笑를 나누려 노력하고 있습니다."

"혼자만의 담소談笑로 그칠 것이 아니라 그것을 담아 세상과 나누세요." 하고는 내 얼굴을 살피셨습니다.

그날부터 나무와 더불어 살면서 배우고 익히고 깨달은 이야기를 문자로 정리하기 시작했습니다. 더구나 탈고도 하기 전에 추천사부터 먼저 써 주시는 격려에 감읍感泣하여 열성을 다하지 않을 수 없었던 것이 아직도 펜을 놓지 못하고 있습니다. 이렇게 시작한 "나무 이야기"가 어느새 11권의 책으로 묶어졌습니다. 이시형 박사님을 비롯하여 음과 양으로 박수를 보내주신 강호제현江湖諸賢께 감사를 드립니다. 제가 살아있는 한 나무 심는 일을 멈출 수 없듯 나무 이야기도 계속될 것입니다. 감사합니다.

2021년 섣달에
나무 심는 나무꾼 **이 종 만**

Contents

PREFACE 나무 심는 나무꾼 **이 종 만** ✦002

제1장 봄의 향연

희망적인 나무 ✦010

나무와 나 ✦015

치유 ✦016

나무가 사람을 만날 때 ✦018

복 ✦020

나무 사랑 ✦022

봄 ✦024

장수의 비결 ✦027

봄비가 온다 ✦028

환경 생각 ✦030

길라잡이 ✦032

사람들이 나무를 좋아하는 이유 ✦034

숲이 없는 미래 없다 ✦036

하지 마세요 ✦039

제2장 영원한 비밀의 창고

나무란 생물 ✦042

나무 사랑 ✦044

나무처럼 살고 싶다 ✦048

자리이타自利利他의 삶 ✦050

도심 속의 가로수 ✦054

자연自然의 정의正義 ✦056

봄의 숲 ✦060

숲에서 숲을 보다 ✦062

숲길을 걷자 ✦064

나무의 공덕功德 ✦068

나무의 언어 ✦071

나무의 생애 ✦072

나무의 용도 ✦074

식물과 동물 ✦079

육림의 날 막걸리 한 잔 ✦080

가을 하늘 ✦086

자연의 본성本性 ✦088

자연의 생태 ✦093

영원한 현역으로 ✦094

나무에 배운다 ✦096

Contents✦006

제3장 나무들은 지능적이다

나무의 겨울 ✦100

경이驚異로운 삶 ✦104

나무들의 소통법 ✦108

나무의 자비慈悲 ✦112

자연과 사람 ✦116

아침 자연 ✦118

나무와 더불어 사는 삶 ✦120

세계인의 성소聖所 DMZ ✦122

사람과 식물은 공생관계다 ✦128

나무도 길을 떠난다 ✦132

자연, 나무를 닮다 ✦136

경관景觀의 아름다움 ✦138

나무의 기운 ✦142

나무처럼 살다가 ✦145

숲의 열정 ✦146

나무는 순수하다 ✦148

나무의 다른 느낌 ✦150

나무의 침묵 ✦152

식물의 독심술讀心術 ✦155

나무의 왕성한 번식력 ✦156

제4장 예술은 나무에서 열매를 맺는다

나무와 목재 ✦162

숲을 사랑하는 삶 ✦166

나무를 닮아보자 ✦168

숲에 들면 좋은 이유 ✦170

주택지의 나무들 ✦174

탄소 저감 기능 ✦176

산림은 후손에게 물려줄 유산 ✦180

은행잎의 효능 ✦184

가을이 아름다운 이유 ✦186

가을 향기 ✦190

단풍이 드는 이유 ✦193

가을에 나무를 심자 ✦194

나무 같은 삶 ✦200

자연의 보고 캐나다의 숲 ✦202

나무의 생물학적 정의 ✦206

노는 날, 쉬는 날 ✦210

나무만이 해결책이다 ✦216

나무의 힘 ✦220

식물의 성장 ✦225

제 1 장

봄의 향연!
생명이여!
꿈이여!
희망이여! 사랑이어라!

희망적인 나무

- 나무들이 세상을 소리 없이 바꾸었다.
- 나무들이 세상을 비용 없이 바꾸었다.
- 나무들이 세상을 다툼 없이 바꾸었다.
- 나무들이 세상을 논쟁 없이 바꾸었다.
- 나무들이 세상을 자연스럽게 바꾸었다.
- 나무들이 세상을 시간을 허비하지 않고 바꾸었다.
- 나무들이 세상을 가장 좋은 방법으로 바꾸었다.
- 나무들이 세상을 가장 좋은 색감으로 바꾸었다.
- 나무들이 세상을 장소를 가리지 않고 바꾸었다.
- 나무들이 세상을 누구의 간섭도 없이 바꾸었다.
- 나무들이 세상을 남북한을 구분하지 않고 바꾸었다.
- 나무들이 세상을 참으로 공평하고 공정하게 바꾸었다
- 나무들이 세상을 어느 한 사람의 이견도 없이 바꾸었다.
- 나무들이 세상을 정치적인 문제 하나 없이 바꾸었다.
- 나무들이 세상을 남녀노소 모두가 만족하게 바꾸었다.
- 나무들이 세상을 봄이 오는 속도 보다 더 빨리 바꾸었다.

· 나무들이 세상을 나무들의 꽃과 함께 아름답게 바꾸었다.

· 나무들이 세상을 미세먼지 줄이는 나뭇잎으로 바꾸었다.

· 나무들이 세상을 모두의 바람과 함께 원하는 대로 바꾸었다.

· 나무들이 세상을 암울했든 색깔에서 희망적인 색깔로 확~ 바꾸었다.

· 나무들이 바꾼 세상은 더 희망적이고 더 열정적이고 더 가치 있게 바꾸었다. 만물의 영장이라는 사람들은 나무만도 못한지 나무처럼 이렇게 바꾸질 못한다. 사람들이 말 못 하는 나무에 배우고 나무를 좀 더 알게 되기를 바란다.

나무는
· 숲들을 바꾸고
· 강들을 바꾸고
· 산들을 바꾸고,
· 농촌과 도시를 한꺼번에 바꾸었다.
· 식물이 있는 곳은 모두 다 바꾸었다.
· 사람들이 사는 주변은 다 바꾸었다.

사람들이 보고 배우기를 바라는듯하다. 말 한마디 논쟁 없이 조용히 세상을 바꾸었다. 비용 한 푼 사용하지 않고 바꾸었고 요란 떨지 않고도 조용히 바꾸었다. 사람 살기 좋은 환경으로 바꾸었고 시간도 아주 절약하여 낭비가 없었다. 근로의 시간도 휴식의 시간도 따지지 않았다. 내 편 네 편 잘잘못을 따지지도 않았다. 사람들만 살기 좋은 환경으로 바꾼 것이 아니라 산짐승들이 살기에는 더없이 풍요롭게 바꾸었다.

야생의 곤충도 야생의 짐승들도 살기 좋은 곳 벌레들이 살기 좋은 곳을 나무들이 만들었다. 공기도 맑아지고 더 많은 산소로 좋아지고 상쾌하다. 귀하고 귀한 산소의 공급량도 2~3% 이상 더 공급하게 되었다. 우리들의 눈의 피로도 없게 하는 자연의 색으로 바꾸었다. 눈에 좋은 색이 몸에도 좋다고 한다. 건강은 절로 좋아진다. 바뀐 세상을 보지 못하는 우리의 심장이 더 좋아하는 듯하다.

바뀐 세상을 보지 못한 우리 몸의 허파가 더 좋아하는 듯하다. 기운이 없을 때 에너지를 회복시켜주는 색으로 세상을 바꾸었다. 산의 푸른 색깔을 3분만 바라보아도 빈혈에 좋다고 한다. 산의 푸른 색깔을 3분만 바라보아도 생리통에도 좋다고 한다. 산의 푸른 색깔을 3분만 바라보아도 집중력이 좋아진다고 한다. 산의 푸른 색깔을 3분만 바라보아도 눈의 피로가 사라진다고 한다.

존경하는 국민 의사國民醫師 이시형 박사님은 푸른 산을 바라보는 것만으로도 모든 질병의 처방은 끝났다고 말씀하신다. 자연을 가까이하고 자연의 녹색이 우리들의 마음을 편하게 하고 나무들이 많은 숲은 공기도 깨끗하고 나무에서 나오는 피톤치드의 치료성, 편안함, 안락함, 호흡하는 공기의 습도 조절, 급격한 온도 변화의 억제 기능 등 우리의 편안한 마음과 호흡하는 맑고 깨끗한 공기는 폐를 행복하게 한다.

그뿐만이 아니다.! 나무들이 선물하는 세로토닌은 더욱 우리들의 삶을 행복하게 할 것이다. 여하간 나무들이 바꾸는 세상은 비용이 들지를 않았다. 나무들이 바꾸는 세상은 소음이 한 번도 없었다는 것이다. 나무들이 바꾸는 세상은 오염 물질도 발생하지 않는다는 것이다. 나무들이 바꾸는 세상은 안전사고의 문제도 전혀 없이 바꾸었다.

나무들이 바꾸는 세상은 길거리서 보기 흉한 모습도 없었다는 것이다. 나무들이 바꾸는 세상은 법률적인 문제도 없고, 종교적인 신앙 문제도 없었다는 것이다. 나무들이 바꾸는 세상은 귀찮게 개개인 핸드폰으로 전화하는 무례함도 없었다는 것이다. 나무들이 바꾸는 세상은 대가를 바라고 권력을 바라고 명예를 바라는 뻔뻔함도 없었다. 나무들이 바꾸는 세상은 조용히 자연스럽게 하므로 여론 조사도 필요가 없다는 것이다. 나무들이 바꾸는 세상은 언론이나 방송 같은 추측 보도 상상의 생각이 아니었다는 것이다.

· 나무들이 바꾸는 세상은 정직하였고,
· 나무들이 바꾸는 세상은 거짓이 없었고,
· 나무들이 바꾸는 세상은 공의롭고, 정의로웠고,
· 나무들이 바꾸는 세상은 아주아주 참으로 순리적이고 민주적이다.
· 나무들이 바꾸는 세상은 조용하고 다툼이 없다. 자유롭다.
· 나무들이 바꾸는 세상은 서로 시기 질투 비방하지 않았다.
· 나무들이 바꾸는 세상은 국익에도 개인에도 도움이 되는 일이다.
· 나무들이 바꾸는 세상은 모든 인류와 지구를 위하는 일이다.
· 나무들이 바꾸는 세상은 자연의 생명까지 위하는 일이다.
· 나무들이 바꾸는 세상은 모든 사람을 이롭게 하는 일이다.
· 나무들이 바꾸는 세상은 공익적인 면에서 어떤 정치 행위보다 앞선다.
· 나무들이 바꾸는 세상은 남녀노소 모두가 행복해한다는 것이다.
· 나무는 단 1원의 세금도 쓰지 않고 세상을 바꾸어 놓는다. 모든 국민이 행복하게 살 수 있는 곳으로 자연의 세계를 리모델링을 해놓는다.

나무가 바꾸는 세상은 일체의 추가 비용 없이 새로운 세계를 만들어 제공해 준다. 불필요한 소비도 없고 불순한 물질의 오염도 발생하지 않는 건강한 생산기지와 무한한 자원의 보고를 인간에서 선물해 준다. 그 공로는 환경적인 면이나 경제적인 면에서 지구촌의 모든 생명체로부터 기립 박수를 받을 만하다.

왜냐하면!

인간들이 경제적 활동으로 돈을 번다는 것은 노동과 구걸과 도둑질이라는 세 가지 방법이 있다. 그런데 나무들은 세상을 바꾸는데도 모두가 불평 없이 나무들은 구걸도, 도둑질도 하지 않았다. 우리들의 선거 문화도 더 조용히 더 정직하게 실질적으로 평가받을 수 있는 법을 나무에 배울 일이다. 나무를 조금이라도 더, 더, 더, 나무를 닮은 많은 사람이 사회 지도자들이 되기를 바라는 마음이다.

아니면

지금이라도 나무를 심는 일부터 시작하여 치산치수治山治水의 철학부터 배우라는 이야기를 하고 싶다.

나무와 나

- 나무는 참 좋은 이웃이다.
- 그러나 나무와 시간을 함께할 수 없음을 인정하고,
- 나무와 함께 생활할 수 있음을 기뻐하고,
- 나무를 더 사랑하고 관심 갖지 못함을 인정하고,
- 애처롭기까지 한 그리운 사랑과 우정에 감사하고,
- 나무를 더 사랑할 수 없음을 마음 아파하지 말고,
- 나무의 숙명을 기쁨이라 여겨 사랑을 포기하지 말자.
- 이익을 바라지 않고, 깨끗한 사랑으로 오래 사랑하자.
- 나무도 사람을 사람도 나무를 그렇게 사랑하자.
- 더 사랑하지 못하는 나무와 나도 노여워하지 말고,
- 잠시라도 나무를 사랑할 수 있음에 기뻐하고 감사하자.
- 인생은 길어야 100년이다.
- 나무의 수명은 짧아야 1,000년이다.
- 누가 누구를 더 사랑하고,
- 누가 누구를 위해 더 많은 기도를 할 것인가!

치유

나무가 사람을 치유한다고?

· 나무들이 등산객에게 산림치유를 한다.
· 그 치유는 등산객에게 상당한 대중적 요법이다.
· 그 치료는 증상을 없애는 데 중점을 두는 자연치료법이다.
· 그 치료는 나무에서 나오는 치료물질로 화학적인 요소를 동반한다.
· 그 치료는 상태와 증상을 제거해 고통을 완화하는 치유법이다.

나무들이 사람을 치유하는 개념과 정의는 나무의 분비 물질을 이용하여 발병 원인을 제거하는 데 기여하는 바가 많다. 나무들이 인간을 치유하는 것은 정서적인 치유 효과와 심리적 다양성에 기여한다. 즉 나무들이 분비하는 물질과 자연의 자연적 치유 효과가 병의 근본적인 원인을 제거하고 병을 이기게 하는 면역적 성질을 가지고 있다. 우리는 흔히 산림 치유라는 용어를 사용하기도 한다.

나무 심는 나무꾼이 말하고 싶은 것은 나무를 더 사랑하고 나무를 더 귀하게 여겨 달라는 이야기다. 나무꾼이 이웃님들에게 항상 하는 이야기는 나무를 더 많이 심자는 말이다. 나무에서 많은 도움을 받고 기($氣$)를 얻고자 함이고, 나무에서 더 좋은 물질을 받고자 하는 것이다. 나무에 자주 다가서고 나무를 더 사랑하기를 바라는 마음의 이야기를 하고 싶다.

나무가 사람을 만날 때

나무들은 모두가 사랑스럽다.
그래서 자연은 더욱 아름답다.
어디에 사는 나무이건 나무를 보면 행복하다.
무슨 나무를 보든지 반갑고 사랑스럽다.
나무의 이름을 알든지 모르든지 나무란 아름답다.
우리나라 나무도, 열대 지방의 나무도 모두가 사랑스럽다.

나무들의 출생지와 이름을 몰라도, 나이를 몰라도 반갑다.
사람도 반갑다. 그러나 알 수 없는 마음이기에 두렵기도 하다.
나무는 아는 나무 건, 모르는 나무 건 만나면 반갑고 기분 좋아진다.
사람들은 누구와의 인연에도 반갑다. 하지만 언제 변할지 걱정이다.
나무는 말로 소통이 되지 않아도 정이 들고 마음이 간다.
사람은 말로 소통이 잘 되는 만남도 헤어짐도 정보다는 관심이다.

나무는 만나면 향기를 얻고 좋은 기운을 받는다.
사람은 만나면 서로의 형편을 생각하고 걱정이 앞서며 새롭다.

나무는 만나면 기대고 싶고 편안한 소파 같다.

사람은 만나면 눈치를 봐야 하므로 편안함보다 부담이 앞선다.

나무는 만나면 모든 이야기를 털어놓고 의지하고 싶다. 영원한 비밀이다.

사람은 만나면 할 말과 못할 말을 구분해야 한다. 나무는 못할 말이 없다.

나무는 어떤 나무를 만나도 언제나 희망적이며 편안하고 사랑스럽다.

사람은 언제나 누구를 만나도 타산적이고 의문이 앞선다. 세상에는 공짜가 없기 때문이다.

복

나무가 하는 말이다.

· 가슴에 기쁨을 담아라. 담는 것만이 내 것이 된다."
· 좋은 아침이 좋은 하루를 만든다. 하루를 멋지게 시작하라.
· 얼굴에 웃음꽃을 피워라. 웃음꽃에는 천만 불의 가치가 있다.
· 남이 잘되도록 도와줘라. 남이 잘돼야 내가 잘된다.
· 자신을 사랑하라. 행운의 여신은 자신을 사랑하는 사람을 사랑한다.
· 세상을 향해 축복하라. 세상도 나를 향해 축복해 준다.
· 노느니 기도하라. 기도는 소망 성취의 열쇠다.
· 힘들다고 고민 말라. 정상이 가까울수록 힘이 들게 마련이다.
· 준비하고 살아가라. 준비가 안 되면 들어온 떡도 못 먹는다.

· 그림자를 보지 말라. 몸을 돌려 태양을 바라보라.
· 남을 기쁘게 하라. 10배의 기쁨이 나에게 돌아온다.
· 끊임없이 베풀어라. 샘물은 퍼낼수록 맑아지기 마련이다.

· 안 될 이유가 있으면 될 이유가 있다. 될 이유만 말하라.
· 약속은 꼭 지켜라. 사람이 못 믿는 사람 하늘도 못 믿는다.
· 불평하지 말라. 불평은 자기를 파괴하는 자살 폭탄이다.

· 나무는 도끼를 들고 톱을 든 나무꾼에게도 향기를 준비한다.
· 나무는 물 한 번 주지 않는 사람들에게 숨 쉴 수 있는 산소를 준비한다.
· 나무는 물 한 번 주지 않는 사람들에게 저수지 같은 역할을 준비한다.

나무 사랑

　나무 사랑.

　나무를 사랑하는 마음.

　늘 나무들이 그립고 애달파 하는 마음일 때가 많다. 나무를 사랑하는 마음이라면 나무도 사람들의 마음을 알고도 남는다. 나무를 사랑하는 마음 늘 넘치도록 해서도 모자람이 있어서도 안 될듯하다. 나무를 사랑하는 마음이라면 물도 주고 비료도 주고 흙도 덮어주어야 한다. 나무를 사랑한다면 전지도 해주고 병충해가 덤벼들면 약도 좀 쳐주고 해야 할 일이 많다. 나무를 사랑하는 마음이 진정이라면 나무가 사람들을 위해 하는 일보다 우리가 나무를 위해 하는 일이 더 많아야 할 것 같다. 나무를 사랑하는 마음이라면 봄을 맞아 사랑과 그리운 마음으로 더 돌보아야 할 것이다. 나무를 사랑한다면 강하고 지혜롭게 잘 자라도록 많은 도움을 서로가 주어야 할 것 같다. 나무를 사랑하는 마음이라면 봄날을 희망으로 서로 아프지 말고 건강하게 자라도록 도와주자. 나무를 사랑하는 마음이라면 소중한 사랑으로 포근히 아우르며 살아갔으면 좋겠다. 나무를 진정 사랑한다면 잊지 말고 지속적인 관심과 배려가 있어야 할 것이다. 나무가 사람들을, 사람들이 나무를 진정 사랑한다면 끝없는 관심이다.

사랑을 표현하는 방법에는 그리스어로 '아가페' '스토르게' '필리아' '에로스' 4가지입니다. 사람의 마음은 다른 어떤 것보다도 더 믿을 수 없다는 지적도 있습니다. 사랑과 정情을 잘못 이해하고 행동하면 정情에 끌려서 자식을 징계하지 못하고 지나치게 된다.

방임하는 결과를 가져오며 나중에는 자식들한테도 사랑을 받지 못하는 비극이 닥치게 됩니다. 사람이나 나무나 사랑에도 원칙과 법칙이 있어야 할 것 같습니다.

봄

이제 풀들이 고개를 살며시 내밀며 봄을 부른다.

이제는 나무들도 고개를 흔들며 잎을 내밀며 봄을 부른다. 눈이 부신가 보다. 눈은 감은 채 세상 소리에 귀를 기울이는듯하다. 강가에 있는 나무들과 풀들은 햇볕과 물에 비친 햇빛에 반사되어 더욱 눈이 부신 듯 안절부절이다.

하루하루 지나면 풀들도 나무들도 줄기와 잎이 점점 초록으로 짙어지면서 변하여 자란다. 아직도 초봄인지 가끔 만나는 고사리 풀은 잎을 돌돌 말고 봄추위에 수줍은 듯 몸을 비꼰다.

봄의 향연!

생명이여!

꿈이여!

희망이여! 사랑이어라!

우리들의 인생이 이른 봄을 만나듯

나무로부터 또 새롭게 사는 법을 배워야 하나 보다.

풀 아닌 나무에 백 년, 아니 천년만년 사는 법을 배우고 싶다.

그러나 나무인들 아픈 날이 없고 바람 부는 날이 없으며 힘든 일과 고통스러운 일이 없을까 싶다. 나무 심는 나무꾼이 볼 때는 나무들이 얼마나 힘들면 아무 이야기도 하소연도 없이 침묵할까 하는 생각이다. 세상을 살아가는 이치는 사람이 나을까? 나무들이 더 나을까? 궁금하다.

지구상의 생명이여!

지구촌의 꿈과 희망들이여!

모두 사랑하며 살아가자.

모두 행복하며 살아보자.

모두 웃으며 미소로 살아가기를 바란다.

더 중요한 것은 얼마를 더 사느냐보다는 거짓 없이 진실하게 살아가는 방법이다. 도산 안창호 선생님의 '거짓말은 나라를 망하게 한다.'는 말씀을 새겨본다. 경제가 힘이 들고, 코로나 환경이 힘이 들어 살기가 힘들어지니 거짓말이 더욱 난무하는 것 같다. 역사도, 현실도, 진실하다면 참 멋지고 아름다운 나라가 될 것 같은데 말이다.

그러나 또 한편으로는 이런 고난과 어려움이 없다면 잘못된 한계도 알 수가 없을 것 같다. 자신을 반성하는 기도도 뉘우침도 진리도 깨우치지 못할 것 같다. 나무들이 움트고 잎을 내고 자연을 호령하고 아우라는 모습에 집중하자! 그리고 나무들이 사는 법을 배우자. 나무들은 세상에 공짜는 없단다. 나무들은 세상에 영원한 것은 없단다. 나무들은 복지는 미래를 망치는 짓이란다. 나무들은 죽어도 누구에게 구걸하지 않는다. 나무들은 다음 세대에게 줄 것은 자연이란다.

· 나무들은 스스로 자신의 힘으로 자랄 뿐이다.
· 나무들은 아무리 어려워도 공짜는 하나님이 주는 자연뿐이란다.
· 나무들에 인간들이 사는 법을 제대로 배울 일이다.
· 나무들엔 근면, 자조, 성실, 자립뿐이다.

장수의 비결

첫 번째 나무처럼 늘 웃으며 사세요
두 번째 나무처럼 적게 드세요
세 번째 나무처럼 베풂으로 행복하세요

나무는 먹은 것 1%만 취하고 99% 자연에 환원한다. 지금처럼 드시던 음식 1/2로 줄이시길 바랍니다. 모자라는 것은 물로 채우세요. 그리고 또 줄이세요. 나무처럼 적게 적당히 규칙적인 양으로…. 나누면 하나가 둘이 됩니다. 나무는 죽어서도 목재로 10,000 가지 이상의 도구로 헌신합니다.
    이제는 우리도 연명치료 거부와 장기 기증을 해야 합니다.

봄비가 온다

3월 1일 봄비를 걱정하는 사람도 참 많았을 것이다. 나라 걱정, 외출 걱정에, 놀러 갈 걱정과 봄비를 맞을 사람들이 걱정이다. 3월 1일 2일 봄비가 온단다. 봄비를 기대하고 고대하는 나무들이 참 많을듯하다.

나무 심는 나무꾼도 봄을 맞으며 하루하루 봄비가 오기를 참 많이 기다렸다. 이왕 오는 비가 바람과 함께 오기를 바라는 마음이다. 우산이 날아갈 만큼 말이다. 그리고 봄비가 오더라도 좀 많이 오기를 기대해 본다. 하나 더 봄비에 요구하는 사항이 있다면 자정이 넘어 이른 아침까지 오기를 바란다. 낮에는 햇빛이 쨍쨍 내리 쬐기를 바라는 마음이다.

나무꾼의 마음을 이 글을 읽는 분들은 무슨 영문인지 모를 듯하다. 왜냐하면 아직은 이른 봄이라 나무의 잎들이 빼꼼 빼꼼 잎이 트려고 한창 준비 중인듯한데 잎눈이 꽃눈이 세수를 못 해 까맣다. 나뭇잎이 트기 전에 자동차들의 매연과 도로의 먼지에 때가 절어 붙은 나뭇잎과 나무줄기를 세수라도 한 번 시켜주기를 바라는 마음이 간절하다. 어린 새싹의 잎눈에도 꽃눈, 그리고 가지마다 자세히 보면 눈곱보다 검고 끈적이는 기름 먼지 때가 잔뜩 더덕더덕 붙어 있다. 혹이나 하여 손을 대보면 손이 까맣게 물들고 만다.

기름기 매연 먼지에 잘 닦이지도 않는다. 나무들에 정말 미안하고 애석한 마음이 든다. 어제 봄이 온다는 방송을 들으며 도심 운전을 하였다. 도로 중앙 분리대에 서 있는 나무 한 주를 보았다. 무슨 나무가 저리도 검은 나무가 있을까 하는 생각이었다. 우리는 1년 내내 도로에서 사람들을 위해 수고하는 나무, 검정 때가 찌든 나무에 물 한 번 주지 않고 물로 세수 한 번 시켜주지 못하는 몰염치로 당당히 살아가는 듯하다. 연탄 덩어리를 발라 놓은 듯 검다 못해 새까맣다는 표현이 어울릴 것 같아 보통 미안한 것이 아니다. 사람들이 무관심해도 너무하다는 생각이 든다. 가로수를 담당하는 부서들이 있고 도로를 관리하는 부서도 있을 텐데 말이다.

인간들을 위한 가로수 운전자들을 위하여 위험을 무릅쓰고 도로 한가운데서 먼지를 걸러내고, 대기에 습도를 조절하고, 이산화탄소를 마시고 산소를 내어놓는 나무를 1년 내내 씻고 세수시켜주지는 못하더라도 1년 한 번, 새싹이 트는 시기만이라도 관심과 애정을 쏟아주기를 바라는 마음이다. 나무에 한없이 미안하고 죄스럽다. 내가 타는 자동차도 폐 질환 기관지염을 유발하는 질소산화물을 배출한다는 것을 생각하면 가로수가 더없이 고맙다.

대기 환경의 오염 원인의 70% 이상이 자동차 매연이란다. 아황산가스, 질소산화물(NOx) 관 탄화수소(HC), 차량의 배기 매연, 벤젠, 미세먼지, 그리고 완전연소가 되지 못한 검은색을 띤 매연을 보고 오늘날 모두 마스크로 입을 막게 한 코로나 19가 오히려 고마운 마음이기도 하다. 코로나 19인들 스스로 그리 확장이 되었다기보다는 인간이 환경에 대한 무관심으로 자기도 모르는 사이에 쓰레기를 함부로 버리는 공공의 적이 된 결과일지도 모른다.

환경 생각

　우리가 사용하고 무심코 버리는 쓰레기가 썩어 분해되는 데 걸리는 시간은 대충 다음과 같다고 한다.

　· 냅킨 휴지.... 2~4주.　　· 보드지.... 2달.　· 바나나 껍질.... 3~4주.
　· 종이 백.... 1달.　　· 오렌지(귤)껍질.... 2년 이상.　· 우유 팩.... 5년.
　· 담배꽁초.... 12년 이상.　· 비닐 빽.... 20년 이상.
　· 합성섬유.... 30~40년.　· 가죽 구두.... 40~50년.
　· 통조림 캔.... 50~70년.　· 페트병.... 450년.　· 생리대 기저귀.... 550년.

　여하간 먹고 버린 라면 젓가락은 분해되는 데 2년이 걸리고 커피를 마시고 버린 종이컵도 20년이 넘어야 분해된다. 밤낚시 후 무심코 빼버린 케미 라이트도 100년, 떡밥 다 쓰고 남은 봉지와 플라스틱 지렁이 통도 100년이 넘어야 분해된다. 스티로폼 지렁이 통은 분해되는 데 무려 500년이 더 지나야 한다.

　재활용품 수거장이나 쓰레기 수거함마다 위와 같은 쓰레기 분해 시간표를 만들어 부착한다면 재활용품이나 쓰레기를 줄이는 데 효과가 있을까? 관공서나 주민자치회에서 한번 시도하였으면 좋을 것 같다.

우리는 과거보다 더 많은 자본 기술로 우리들의 영역을 넓혔습니다. 그래서 문명은 발전하고 우리는 번영하였습니다. 우리 생활에 깊숙이 파고든 잘못된 습관 때문에 지구는 병들어가고 있다는 사실을 모든 사람이 자각하고 생활습관이나 방식의 대전환을 이루지 않는다면 우리 스스로 우리의 삶을 파멸에 직면하도록 하는 날이 곧 다가올 것이다.

잠시 생각 없는 행동으로 함부로 버리는 나쁜 습관, 도덕적 해이, 양심적 무감각에서 벗어나야 할 것이다. 그리고 빨래, 머리 감기, 청소의 경우 세재 적게 사용하기, 음식물 남기지 않기 등 환경보호에 앞장서야 할 것이다. 대중교통 이용하기, 탄소 배출 줄이기를 실천하여 지구를 지켜야 할 것이다. 적게 사용하고 적게 먹고 덜 버려야 합니다.

그렇지 않으면 열대우림은 줄어들고, 빙하는 녹고, 펭귄이 사라질 위기에 직면할 것이다. 결과는 현재의 동물도 사라지고 식물도 사라지면서 예기豫期할 수 없는 무서운 종種이 생길지도 모르는 일이다. 지금이라도 환경을 생각한다면 나무 한 주라도 더 심기를 권한다.

길라잡이

나무는 인류의 길라잡이다.
· 길이 없으면 멈추지 말고 새로운 길을 열라고 한다.
· 가는 길에 무거운 짐은 지지 말라고 한다.
· 가는 길이 힘들면 쉬어 가라고 한다.
· 먼 길을 가는 임은 친구가 필요하단다.
· 먼 길을 가는 사람에게는 주막이 필요하단다.
· 먼 길을 가는 사람은 우산도 비옷도 필요하단다.

· 길을 걷는 재미는 희망이고 소망이다!
· 길을 걷는 행복은 어떤가? 사랑이다.
· 없는 길도 걸으면 걸을수록 좋은 길이 된단다.
· 없는 길도 사랑하는 사람과 걸으면 행복하단다.
· 걸으면 사랑의 길이 된다.
· 걸으면 행복의 길이 된다.
· 걸으면 건강의 길이 된다.

- 사람이 걷는 길이 그렇다.
- 그러나 걷는 사람이 명예와 물질을 요구하는 길은 걷지 말란다.
- 그러나 걷는 사람이 선의 길, 효의 길을 걷는다면 축복이 기다린단다.
- 그러나 나무는 길을 만들지 않는다.
- 나무는 나무 자체가 길이다.
- 나무는 억지로 길을 만들지 않는다.
- 나무가 만든 길은 1,000년의 길이다.
- 나무가 가는 길은 물길을 찾아가는 길이다.
- 나무가 가는 길은 하늘을 향한 길이다.

사람들이 나무를 좋아하는 이유

- 나무에 우리가 필요하기 때문일 것이다.
- 나무는 남처럼 살면서 언제나 도움을 주기 때문이다.
- 나무는 이산화탄소를 마시고 산소를 주기 때문이다.
- 나무는 단 한 번도 우리에게 요구하는 일이 없기 때문이다.
- 나무는 가지가지, 여러 가지, 만 가지로 우리를 돕는다.
- 나무를 위하는 만남이 아니고 우리를 위하여 만나기 때문이다.
- 나무를 만나면 나무로부터 구원을 원하는 우리의 삶이기 때문이다.
- 나무는 우리들의 먹거리, 치료제, 영양제의 역할을 하기 때문이다.
- 나무가 우리들의 생활에 10,000 가지 이상의 도움을 주기 때문이다.
- 나무들은 이처럼 매사에 우리들의 삶에 필요하고 유용하기 때문이다.

- 나무들은 알고 이해할수록 우리에게 매사에 행복을 주기 때문이다.
- 나무들은 사람들을 구별하고 판단하지 않고 모두를 좋아하기 때문이다.
- 나무는 우리가 알면 알수록 부지런해지고 건강에 도움이 되기 때문이다
- 나무는 알면 알수록 정서적, 정신적, 신체적으로 유익하기 때문이다.

- 나무는 알면 알수록 감사하는 마음이 생기기 때문이다.
- 나무는 부(富)와 가난을 가리지 않고 누구에게나 공평하기 때문이다.
- 나무는 조용함 이상으로 빛을 발하고 부유하면서도 언제나 열린 마음이다.
- 나무는 나무를 알려 하고, 좋아하는 사람들을 더 좋아하기 때문이다.
- 나무는 자신을 내세우지 않는 겸손이 있고, 비밀도 있기 때문이다.
- 나무는 정서적 안정감을 주기 때문이다.
- 나무가 좋은 점이 만 가지는 될듯하다.
- 나무는 좋다.

숲이 없는 미래 없다

숲이 없는 곳은 문명도 사라진다.

지구 온난화의 대책의 해답은 숲이다.

지구의 큰 사랑은 산림이 제일이다.

우리나라 산림의 변천을 조금 생각해보자.

우리나라 국토면적은 약 1,003만ha. 우리나라 산림면적은 전 국토의 약 61%로 나무꾼은 추정한다. 왜냐하면, 우리나라 산림이 1975년도까지 전 국토의 75.4%였다. 우리나라 국토 2/3가 산림이지만 OECD 회원국 중 하위 수준이다. OECD 국가 중 가장 삼림森林이 부강한 나라는 캐나다. 캐나다는 1천 명당 무려 93.1㎢에 달했고 호주(70.3㎢), 핀란드(41.7㎢), 스웨덴(30.6㎢), 노르웨이(20㎢), 뉴질랜드(19.4㎢), 에스토니아(16.6㎢), 미국(10.0㎢) 등은 상대적으로 산림면적이 넓은 국가로 분류됐다.

우리나라는 그동안 도로개설, 임야개간, 태양광으로, 용도변경 등의 변질한 땅이 13%~14% 정도 추정된다. 더 좋은 숲 더 좋은 삼림森林으로 잘 활용되기를 진심으로 바란다. 이제는 국토 개발 시 법정 조경 면적으로 잘 확보하여 녹지를 보존해야 한다.

도로, 철로, 강변로 등 경사지 면적의 식재로 소음공해와 먼지 제거, 이산화탄소 흡수와 자연 대기 질과 온도의 변화에 모두가 관심을 가질 때다. 질이 좋은 목재생산에 산림청이 더 관찰하고 연구하여 국가의 산림정책으로 국민의 건강을 위한 푸르른 대한민국의 좋은 환경에 일익을 담당해 주기를 바라는 마음이 간절하다. 하여간 산림 자원이 경제적 환경적 국민건강에 좋은 물질로 효과를 주는 것은 대단하다. 우선 숲을 말하기 전 나무들이 하는 일들이 왜 좋은지 몇 가지만 알아보자.

1. 산림은 겉흙을 보호하고 토양 침식을 보호하고 막아준다.
2. 우천 시에 댐과 저수지에 흙모래가 퇴적하지 않도록 보호한다.
3. 산림은 불규칙적으로 내리는 비의 증발과 유출을 조절한다.
4. 산림은 한발과 홍수 피해를 최소화하고 국민의 물 공급에 이바지한다.
5. 산림은 농업과 기타 생활용수의 공급을 안정화하여 경제에 이바지한다.
6. 산림은 수많은 동식물의 생활 근거지가 되어 생태 시스템의 중심적 역할을 한다.
7. 산림은 공사 기간을 맑게 해 주고 미적 심미적 대상이 되기도 한다.
8. 산림은 자연과 어우러져 아름다움을 돋보이게 하며, 인간의 정서를 순화시킨다.
9. 산림은 자연사랑 나라 사랑 애향심과 애국심을 길러 주기도 한다.
10. 산림은 산업 사회에서 수요가 커지는 여가, 휴식, 오락의 공간 역할을 한다.
11. 산림은 목재, 펄프, 연료의 가치를 뛰어넘어 수자원을 함양하고, 물의 공급처이다.

12. 산림은 문화 경제의 척도가 되며 공익적 기능이 아주 대단하다.

13. 산림을 보호하고 물관리를 유익하게 하려면 댐과 저수는 많을수록 좋다.

14. 댐과 저수지는 물 부족 국가의 물관리와 치수의 국가정책에 꼭 필요하다.

15. 나무는 성장하는 과정에서 광합성 작용을 통해서 공기 중의 온실가스인 이산화탄소를 흡수하여 포도당을 생성하여 나무의 골격이 되는 셀룰로스 등으로 목재를 만들어 자기 몸속에 온실가스를 고정한다.

16. 화석연료와 다르게 재생산 가능한 환경친화적인 자원이 나무라고 하는 것이다.

17. 나무는 나무의 아름다움과 숭고한 위대함, 화려함을 위해 얼어붙은 겨울을 감내하고 스스로 감추고 있는 자연 융합 최고의 기술을 가지고 있다.

18. 나무들의 본질을 우리가 모르는 부분도 상당히 많은 부분을 가지고 있다. 생활용품부터 치료 약품까지 수만 가지다.

19. 식물이나 동물이나 우리가 살아가는 것이 자연의 은혜로움과 자연 융합이 아닌 것이 무엇이 있겠는가?

20. 모두가 융합이고 사는 것이 철학이고, 인문학이고, 자연학이다.

나무는 연필부터 노트 책상, 걸상, 밥상까지 약 10,000여 기능으로 우리들의 삶을 도와주는 고마운 식물이다.

하지 마세요

하지 마세요.

조급하지 마세요. 실수할 수 있습니다.

화부터 내지 마세요. 가슴에 멍들 수 있습니다.

시기하지 마세요. 창조와 생산이 중단됩니다.

낙심하지 마세요. 상처만 커집니다.

외로워하지 마세요. 주인공은 당신입니다.

못났다 한탄하지 마세요. 그대로 스스로 승리하세요

속이지 마세요. 종기를 키우는 것과 같습니다.

게으르지 마세요. 자신을 파괴하는 일입니다.

얼굴 찡그리지 마세요. 승패는 얼굴에서 시작됩니다.

제 2 장

나무는
하나님이 사용하시는
영원한 비밀의 창고다

나무란 생물

- 나무는 나무다.
- 나무는 자연스럽다.
- 나무는 신실하다.
- 나무는 탄소의 저장 창고다.
- 나무는 물 부족 국가의 물 저장고다.
- 나무는 평화롭다.
- 나무는 거짓이 없다.
- 나무는 일이 행복이란다.
- 나무는 삶에 공짜는 없단다.
- 나무의 삶이 진리적 삶이다.
- 나무는 거짓말을 하지 말란다
- 나무는 거짓이 나라를 망하게 한단다.
- 나무는 바람으로, 잎으로 말한다.
- 나무는 물과 바람 태양과 더불어 산다.
- 나무는 남보다 나은 삶을 살아간다.

· 나무는 삶에 영원한 것이 없단다.

· 나무는 남의 말을 하지 않는단다.

· 나무는 남을 비판하지 않는단다.

그래서

· 나무는 더 아름답고 경이로울 뿐이다.

· 나무는 생명은 영원한 것이 없단다.

· 나무는 남을 나무라지 않는다.

· 나무는 물 위에 글을 쓸 수 없단다.

· 나무는 나무 말고 누구도 나무라지 않는다.

· 나무는 노력 없이 얻는 것이 자연이란다.

· 나무는 진실이란 공익적으로 살아야 한단다.

· 나무의 삶에는 허세도 허풍이 없단다.

· 나무는 우리에게 침묵을 배우라고 한다.

· 나무는 현미경으로 보아야 하지만 사람은 망원경으로 보아야 한단다!

· 나무는 화장을 안 해도 참으로 아름답고 신비하다.

· 나무는 참으로 신비롭고 오묘하면서도 거룩하다.

· 나무는 수천 년을 변함없이 한자리 지키며 산다.

그래서일까!

나무를 바라보는 우리들의 마음은 보면 볼수록 애잔하다.

나무 사랑

사람도 동물도 식물도 적령기가 되면 결혼을 한다. 다음 세대를 이어가는 것은 자연계의 법칙이다. 나무들의 이야기를 하다 보니 식물의 혼사도 볼만한 구경감이 되나 보다. 식물들의 꽃은 동물들의 몸에 비교하면 생식기다. 그것도 암수 성기를 함께 가지고 있는 특수한 생식기인 양성적이다. 하여 생식기보다 더 예쁜 꽃잎으로 커튼을 만들어 성기를 외부로부터 가려서 보호한다. 세상에서 가장 아름다운 커튼은 꽃잎 커튼이라 할만하다. 사람이나 동물들, 하늘을 나는 새들도 그렇게 예쁜 커튼을 치고 혼례 방을 꾸미기란 언감생심 어려운 일일 것이다.

그리고 혼례 방에는 커튼 속에 하나의 암술을 여러 수술이 서로가 각각 호시탐탐 기회를 엿보고 있다. 그러나 암술도 어찌 택함을 할 수 없는 환경이 애석하다. 암술을 향한 수술들이 스스로 암술에 다가가지 못하는 그 안쓰러운 마음이다.

손이라도 있으면 덥석 잡을 텐데⋯. 발이라도 있으면 달려갈 텐데⋯. 소리도 칠 수 없으니 그 사랑의 애 닮음을 누가 알리요!!

바람이라도 불어 꽃가루를 날려주기를 바랄까? 벌이라도 나비라도 불러 꿀로 유혹할 텐가? 어느 가수의 노래처럼 식물들은 손도 없고 발도 없고 입도 없어 부르지도 달려가지도 못하는 애가 타는 심정이겠다.

그래서 식물들은 혼례를 위하여 맛있는 꿀을 벌과 나비를 위하여 준비하고, 벌과 나비를 향기로 유혹도 하고, 아름다운 꽃잎의 색으로 벌과 나비가 다가오기를 기다리며, 향기를 뿜어 곤충들을 불러 도와주기를 간절히 간절히 바란다. 이왕이면 좋은 꽃가루를 외부에서 달고 오기를 바라는 마음인지도 모를 일이다. 사랑이란 알 수가 없다. 배필이라는 것이 그렇다.

위대한 자연의 법칙이 이런 상황에서는 조금 야속하고 원망스럽기도 하다. 이왕이면 수술의 키와 암술의 키가 같게 만들 주든지 수술을 더 크게 암술을 작게 만들어 꽃가루가 떨어지면 수정이 잘 되게 만들어 주지 않고 꼭 암술이 수술보다 높은 위치에 윗부분에 위치하는 것이 대부분이다. 꽃의 생김새가 그렇다. 하나님의 뜻이니 누가 뭐라 하겠는가?

그런 상황을 아는지 모르는지 사람들은 과일나무에 농약을 뿌려 강제로 수정을 억제하기도 한다. 벌레가 꼬인다고 살충제를 진하게 뿌려 자연의 순리를 가로막기도 한다. 참으로 원망스럽고 얄미운 일이다. 그러나 요즘은 벌과 나비를 사람들이 대신 유혹하기도 한다.

자연의 법칙은 식물과 곤충의 상생이다. 서로 상생을 해야 한다. 그래야 곤충은 당분과 아미노산 지방 단백질 전분 등을 얻어서 먹고살 수가 있다. 참으로 자연의 식물들도 곤충들도 신기하고 오묘하게 행동하도록 만들어져 있다. 자연의 신비인지? 하나님의 신비인지? 식물들의 신비인지 알 수는 없으나 나무꾼의 결론은 창조주의 섭리라 하고 싶다.

식물들은 잎의 엽록소가 빨간색과 파란색은 흡수하고 녹색과 황록색은 대부분 반사하고 투과하기 때문에 녹색으로 나뭇잎이 보이는 고마운 이유도 있다. 꽃의 색깔에 영향을 주는 색소로는 안토시아닌, 카로티나이드, 크산토필류 등이 있다.

봄에 피는 꽃 중에 노란색이 나는 개나리, 산수유, 생강나무 애기똥풀 등등에는 크산토필류 색소의 영향이다. 플라보노이드계의 색소는 식물들에 나타나는 약 200 가지 이상의 물질이 있다고 한다.

약간씩 변형되어 여러 가지 파장의 빛을 흡수하기도 하고 반사하기도 하여 예쁜 꽃을 우리에게 선사한다. 그래서 우리는 다양한 아름다움의 색깔이 연출되는 것을 보면서 자연의 신비로움과 꽃이 아름답다고 한다. 여하간 식물들은 여러 가지의 색깔로 형형색색 아름다움을 창출해주어서 꽃이 피는 동안 우리도 꽃 같은 마음이 된다.

학자들은 이론적으로 자연의 모든 색깔을 식물들은 표현할 수 있다고 믿는 것 같다. 그러나 인간이 자연에 대하여 식물에 대하여 알지 못하는 일은 한둘이 아닐 것이고 오히려 모르는 것이 축복인 줄도 모르겠다.

나무꾼의 생각이지만 자연의 자연스러움이 인간에게도 감사이고 축복이고 창조주의 사랑인듯하다. 그래서 코로나 19 바이러스도 놀라운 일이지만 식물에는 아주 자연스러운 현상이란 생각을 해보기도 한다. 자연이 지구촌 사람들에게 자연스러운 환경적 경고를 하는 것이라는 생각도 해 본다.

인간들의 생활 쓰레기는 어쩌면 공공의 적보다 무섭다. 자연을 오염시키고 육지에서 처리 안 되는 나쁜 물질을 바다 심층에 버리고 바다까지 오염시키는 사람들에게 자연이 사람들을 너그럽게 용서할 수 있을까? 자연이 용서할 수 없는 응징과 경고라는 생각이 든다.

"욕심이 잉태한즉 죄를 낳고 죄가 장성한즉 사망을 낳느니라."(신약 야고보서 1:15) 라는 성경 구절이(야고보서1:15) 생각난다. 자연계의 중재자라 할 수 있는 흙의 중화 능력, 물의 정화능력이 한계점에 다가오는지도 모를 일이다. 식물이 정화하고 조절하는 지구의 환경도 인간의 탐욕에 무너지는 듯 안타깝다.

대기 중의 이산화탄소도 그렇다. 이산화탄소의 주범인 사람들은 이산화탄소에 관심도 없다. 화석연료를 사용하는 지구상의 유일한 인간들이 이산화탄소의 주범이다. 쓰레기를 생산하는 인간이 쓰레기를 소각 처리하여 공해를 또 만든다. 소각할 때 생산되는 이산화탄소 지금도 짓고 있는 화력발전소들 기존의 발전소보다 대형이고 대용량이다. 그렇다면 앞으로 갈수록 이산화탄소량은 증가할 것이고 바로 온실효과를 가지고 오게 될 것은 분명한 일이다. 자연이란? 자연은 그냥 우리에게 주어졌지만, 자연은 우리 몸과도 같아 가꾸고 다듬어야 하며 지켜야 한다.

이야기가 다른 길로 가고 말았다. 한마디만 더하고 본질로 가자. 우리는 우리의 가족을 위하여서라도 양심껏 나무좀 제발 많이 심자는 이야기를 꼭 하고 싶다. 그리고 쓰레기도 좀 줄여 주는 노력을 부탁하고 싶다.

하여간 우리가 예쁘다는 꽃 화려함과 오묘함, 신비로움, 우리는 상대성으로 인하여 주어지는 우리들의 감정을 자기 마음대로 생각하고 행동하는 모습을 자연이 자기의 소유물쯤으로 보는 일은 대단한 착각이고 교만함이고 오만함이다.

나의 사랑하는 아이들, 나의 사랑하는 가족들에게 어떤 환경을 만들어 주어야 하겠다는 생각으로 살고 있는지 묻고 싶다. 누구나 꿈은 아름답고, 우리의 꿈은 인간이 가질 수 있는 희망이며 대한민국의 새마을 운동처럼 찬란한 결실을 볼 수 있는 민족의 긍지이고 유산이다.

한 그루의 나무와 동행하는 우리들의 마음이기를 바라는 아침이다.

나무처럼 살고 싶다

- 나무는 지구상에서 가장 오래된 생명체다.
- 나무는 생명체 중에서 가장 오래 산다. 과식하지 않기 때문이다.
- 나무는 누구의 무례함도 잘못도 나무라지 않는다.
- 나무는 남을 탓하거나 남의 말을 하지 않는다.
- 나무는 과한 욕심도 허영도 사치도 부리지 않는다.
- 나무는 가난함도 자신의 몫에 만족하는 삶이다.
- 나무는 욕심 없이 자연 그대로 건강하게 살아간다.
- 나무는 자연을 탓하지 않고 사람들을 탓하지도 않는다.
- 나무는 모자람도 과함도 지나친 과로도 게으름도 하지 않는다.
- 나무는 사랑하는 배필도 자연적인 수정으로 벌과 나비에 맡긴다.
- 나무는 모여 살아도 더불어 사는 것이 아니라, 각자 자신의 삶을 누린다.
- 나무는 종이 다른 나무도 남을 탓하지 않는 삶이다.
- 나무는 모두를 포용하는 사랑이 충만한 삶이다.
- 나무는 언제나 열심이다. 생명체들의 희망적인 삶이다.
- 나무는 늘 양보하는 삶 나무는 헌신적인 삶이다.

- 나무는 복지를 요구한 적이 없다. 나무는 자연의 복지다.
- 나무는 동물들의 보약 같은 존재. 나무는 생명체의 의사다.
- 나무는 봉사적이고 헌신적이다. 탄소의 저장고 역할을 한다.
- 나무는 삶 자체가 동물들이 본받을 생명체들의 스승 같다.
- 나무는 근면, 자조, 합심하고 나누는 공짜가 없는 삶이다.
- 나무는 누구와도 나누는 봉사하는 욕심 없는 삶이다.
- 나무는 모르면 모를수록 알면 알수록 신비롭다.
- 나무는 나무의 경제적 가치만으로도 오묘하다.
- 나무는 하나님이 사용하는 영원한 비밀의 창고다.
- 나무는 가장 오래 산다. 자연을 통해 자신을 내어놓은 성스러운 삶이다.
- 나무는 생명체 중 가장 오래 산다. 탄소 연대측정 결과 8,000~9,550살의 가문비나무가 있다. 스웨덴과 노르웨이의 경계에 달라러나 산악지대에 생존하여 발견된 나무다.

자리이타自利利他의 삶

흔들리는 나무가 오래 산다.
사철나무만 사철이 있지 않다.

나무는 바르게 살기 위해 흔들리며 살아간다.
바람이 흔들고
산짐승이 흔들고 산행객이 흔든다.

흔들리는 나무가 오래 산다.
움직이는 나무가 오래 산다.
그러나
나무는 남 따라 살지 않는다.

나무는 남같이 살아도 남보다 낫다.
나무는 가만히 있으려 하는데 바람이 성화다.
나무의 크기는 뿌리가 결정한다.

나무란? 오로지 살아있는 생명체를 말한다.
살아가려고 안간힘을 쓰는 나무만이 흔들린다.
흔들리는 나무라야 쓰러지지 않는다.
흔들리는 나무는 더 깊은 뿌리를 내린다.
깊은 뿌리는 많이 흔들려본 경험 덕분이다.
나무는 못생겨야 오래 산단다.

나무는 누구와도 비교하지 않는다.
그러나
나무는 곧게 자라려고 노력한다.
가시가 많은 나무는 잘리면서 자란다.
가시가 많은 나무는 뒤틀리면서 자란다.
나무 탓이 아니라 사람들 탓이다.
그러나
나무는 환경을 탓하지 않는다.
나무는 세상을 역易하려 같이 살아간다.
나무는 자기 자리를 탓하지 않는다.

나무는 자리이타自利利他의 삶을 평생 살아간다는 것이다.
자리自利란?
자기를 위해 자신의 수행을 주로 하는 것이고
이타利他란?
나의 이익이 아닌 공익적 이익을 위해 행동하는 것이다.

나무는 남을 위해 사는지도 모를 일이다.
나무같이 살아가는 성직자가 단 한 사람이라도 있을까 ?
나무같이 살아가는 국가의 지도자가 단 한 사람이라도 있을까?
나무를 보면서 물을 보면서 치산치수를 이야기하신 지도자가 생각난다.
산을 보면서 감사하고 우거진 숲을 보고 감사하고
강을 보면서 유유히 흐르는 강물을 보며 감사한다.

그래서 더, 더, 더,
강산이 아름답고 그립고 보고 싶다.
나무가 진심으로 고맙다. 사랑스럽다. 그래서 행복하다.

도심 속의 나무들
대 자연의 나무가 아니라
우리 생활 주변의 나무들을 둘러보자
도시의 가로수들이 반갑고, 고맙고, 사랑스럽다.
그러나 안쓰럽고 언제나 미안한 마음이다.
높고 높은 빌딩과 아파트 들의 사이사이에서
메케하게 불어오는 미세 먼지 바람을 안고 산다.
온몸으로 이런 매연과 먼지를, 냄새를 맡으며 산다.
나무인들 도심에서 살고 싶어 사는 나무가 있을까?
자연에서 태어나 자연에서 살아가고 싶을 나무! 그러나
사람의 생각과 손에 의해 도심으로 유배된 나무!
나무의 뿌리는 숨쉬기도 배고픔도 참고 살아간다.

가만히 눈 감으면 아득히 펼쳐지는 초록의 자연!
가만히 눈 감으면 아득히 펼쳐지는 자연의 대지!
가만히 눈 감으면 나무 부모들이 사는 숲이 그립다.
가만히 눈 감으면 아득히 자연의 초록 숲이 그리운 마음
환경오염에 대한 두려움을 없애는 고마운 나무들!
환경오염 차원에서 벗어나 인간들의 복지적인 감사한 나무들!
심은 나무를 돌보지 않는 미안함보다 뻔뻔한 마음!
인간들의 만족적인 행복한 삶의 척도로 심었든 나무들이라면!
도심의 나무들에 우리는 고맙다는 묵례라도 이 아침 하여보자.
도심의 나무들에 우리 모두 마스크 이상의 고마움을 가져보자.
도심의 나무들에 인간들의 양심 없는 행동 오물이라도 막아주기로 하자.
도심의 가로수 나무와 도로 경계용 나무를 귀하게 여기고 고마워하자.
심어둔 나무 가꾸지 못하는 사람은 보고, 즐길 자격도 없다.
심어둔 나무들을 잘 지키지 못한다면 고마움은커녕 책임 없는 사람들이다.
심어둔 나무의 혜택을 모르는 사람은 숨 쉴 자격도 없는 사람이다.
도심 속의 나무는 산속의 나무보다 더 사랑받을 자격이 충분하다.
도심 속의 나무들은 오늘도 미세먼지를 흡수하여 빗물로 땅에 묻고
도심 속의 나무들은 오늘도 수많은 자동차의 이산화탄소를 흡수한다.
도심 속의 나무들은 산소를 내어 우리의 폐를 지키며 말없이 돕고 있다.
도심의 나무들은 나쁜 물질을 말없이 안고 좋은 물질로 우리를 돕고 있다.
도심의 나무에 7~8월의 더위와 장마를 보내는 감사한 마음을 전한다.
도심에 사는 나무들이 애잔할 뿐이다.

도심 속의 가로수

나무가 있는 곳에 문명이 자랐고 문명이 있는 곳에 나무와 숲이 있었다. 그리고 문명의 뒤에는 사막만 남는다. 나무가 사라지면 문명이 사라진다는 이야기다.

도시 가로수 나무가 반갑고, 고맙고, 미안하다. 높고 높은 빌딩과 아파트 들의 사이사이에서 아련히 불어오는 미세먼지 바람을 안고 산다. 온몸으로 이 매연을, 먼지를, 냄새를 맡으며 산다. 나무인들 도심에서 살고 싶은 나무가 있을까?

자연에서 태어나 자연에서 살아가고 싶을 나무! 사람의 생각과 손에 의해 도심으로 유배된 나무! 나무뿌리는 숨쉬기도 배고픔도 참고 살아간다. 가만히 눈 감으면 아득히 펼쳐지는 초록의 자연! 가만히 눈 감으면 아득히 펼쳐지는 자연의 대지! 가만히 눈 감으면 나무는 부모들이 사는 숲이 그립다. 가만히 눈 감으면 아득히 자연 초록 숲이 그리운 마음이다.

환경오염에 대한 두려움을 해소하는 고마운 나무들! 환경오염 차원에서 벗어나 복지적인 감사한 나무들! 심고 가꾸지 못한 나무들에 대한 미안한 우리 마음이다.

인간들의 만족적인 삶의 척도로 심었든 나무들이라면! 도심의 나무들에 고맙다는 묵례라도 이 아침 하여보자. 도심의 나무들에 우리는 모두 마스크 이상의 고마움을 같자. 도심의 나무들에 인간의 양심 없는 오물이라도 막아주자. 도심의 가로수 나무들, 도심의 도로 경계 나무를 보호하여 주자.

심어둔 나무 가꾸지 못하는 사람은 나무를 보고, 즐길 자격도 없다. 심은 나무들을 잘 지키고 가꾸지 못한다면 책임 없는 사람들이다. 심은 나무의 감사와 혜택을 모르고 산다면 그 사람은 숨 쉴 자격도 없다. 도심에 나무는 산속의 나무보다 더 사랑받을 자격이 충분하다.

도심의 나무들은 오늘도 미세먼지를 흡수하여 빗물로 땅에 묻고 도심의 나무들은 오늘도 자동차의 이산화탄소를 흡수하고 산소를 내어놓고 우리들의 폐를 지키고 호흡을 말없이 돕고 있다. 도심의 나무들 오늘도 말없이 나쁜 물질 안고 좋은 향기로 돕고 있다. 6월과 8월의 더위와 장마를 보내는 감사한 마음으로 나무들에 묵례를 보낸다.

자연이 고맙다. 나무들이 고맙다. 태풍이라는 비바람이 나무들의 기공을 털어주고 씻어주니 고맙다. 태풍이라는 비바람이 먼지와 매연 덩어리를 나무에서 털어주니 고맙다. 태풍이라는 비바람이 나무를 자르고 태양광 설치한 잘못을 알게 하니 고맙다. 태풍이라는 비바람이 4대강 댐들의 고마움을 알게 하니 고맙다.

자연을 사랑하고 고마워하는 나무꾼의 마음이다.

자연自然의 정의正義

우리가 살아가는 자연自然과 우리 다음 세대 모두가 살아가야 할 자연의 운동 원리를 정의正義라고 한다면, 나는 이 자연의 운동 원리를 '새로운 생성' 곧 새로운 회복이라고 말하고 싶다. 평소에도 '자연'이란 글과 소리가 내 마음에 가장 편하게 와닿는 말이다.

그것은 사람들의 간섭이 없이 자연 스스로, 자연이 저절로, 자연 그대로 존재하며 자연에서 잉태하며 자연에서 생산하며 이루어지는 자연의 생물들 그 무엇들 전부다. 인간의 간섭과 인간의 손발이 닿지 않는 자유로운 생태기능이라 말하고 싶다. 다른 의미로 인간적이나 과학적이나 자연 이외의 것으로 더하지 않는 순수한 자연이란 바로 정의正義를 상징하는 것이다. 자연스럽다는 것! 자연의 사랑스러움은 역시 사랑의 묘사描寫에 제격인 것 같다.

사랑과 우정은 거짓 없이 진실하고, 순수하며, 본성 그대로 자연스러워야 한다고 말하고 싶다. 자연스럽게 다가와 자연스럽게 익어가는 사랑이 공의로운 자연의 사랑이고 자연스러운 자연이 자연의 이웃이고 자연의 친구인 우정友情일 것이다.

자연스러운 사랑은 강요하거나 애걸하거나 하여, 설득을 당하지도 않고 꼬임에 넘어가지도 않은 사랑, 목표를 정하고 쟁취하지 않은 자연스럽게 마음이 이끌리고 자연스럽게 저절로 이루어진 의로운 사랑을 말하고 싶다. 나무들이 그렇고 숲과 풀들이 그렇다.

인공적인 숲도 없는 것보다는 좋다.
그래서 자연적인 자연스러운 숲으로 존재하는 듯 인정받고 싶은 인공 숲도 없는 그것보다는 낫다. 그래서 자연의 숲은 점점 더 귀하게 여겨지고, 그리우면서도 궁금하고 사랑스러우면서도 신기하고 감사하고 반갑다.
그리고 자연스러운 초원과 자연스러운 숲은 그냥 바라만 봐도 장엄하고 위대하다. 자연의 숲은 오직 숲의 순수함과 숲속의 생명체들이 저마다의 열정으로 버티며 경쟁하는 듯하여 더 사랑스럽고 더 소중하고 더 귀하게 여겨진다.
자연의 숲은 스스로 있는 그대로 자연의 가치가 우선이어야 한다. 위대한 자연을 인간의 경제적인 계산적 마음으로 달리 평가하고 싶지는 않다. 자연의 숲을 두고 인간적인 두뇌로 경제성이나, 인간적 편리의 기능성이나 인간적 효용성을 말하고 싶지는, 더더욱 싫다. 자연의 숲과 인공적인 도심의 인공 숲을 굳이 말하자면 인공 숲은 비즈니스의 계산적이고 정치적 결과인 과정이 참 많은 공원이 인공적 숲인 셈이다. 나무 심는 나무꾼은 그렇게 알고 있다. 숲은 숲인데 인공적인 숲의 자연적 친환경적 가치는 뒤로 물러나고 인간이 인위적으로 너무 규격화하고 경제적. 정치적. 위선적인 냄새로 나무들의 수고스러움이 환경적 위장의 효과적인 냄새가 나는듯하다.

공원의 이름도 비자연적이고 덜 친환경적인 것 같은 느낌이다. 공원의 이름은 자연 냄새가 나는 공원의 이름으로 생태적이고. 환경적이길 바라는 마음이다. 너무 인공적이면 누가 보아도 참살이 냄새보다는 가짜 참살이 냄새가 솔솔 나는듯하다.

또 하나 이유는 인공 숲은 가치 있고 쓸모 있어 보이는 규격화된 자연미보다는 만들어진 스카이라인과 규격화된 모양 멋진 나무들만 심어진다. 조금만 흠이 있는 나무나 조금 못생긴 나무는 바로 인공 숲에선 퇴출이다. 생명의 소중함은 다 같을 것인데 말이다. 참으로 비자연적이다. 생명은 다 존귀하고 생명은 다 사랑이고, 생명은 다 고귀한 것이다. 차라리 인공 숲을 만들려면 여러 사람이 집에서 가꾸기 힘든 나무들을 기증받아 심어진다면 더 의미 있고 친근감이 가는 숲으로 더 인정스럽지 않을까? 더 의미 있고 더 교육적이지 않을까 하는 생각을 해본다.

그러나 사람들은 한눈에 마음에 들고, 한번 보는 광경이 멋있고 좋은 듯한 경제적 가치를 투자한 것이 느껴 져야만 좋다고 하는듯하다. 자연을 좋아한다는 사람들의 이중적 생각이 아닐까? 그래서 더 자연적이지 못하고 더 생태적인 맛이 나지 않는 것 같다.

우리들의 눈을 기준으로 자연의 균형을 맞추고 우리들의 눈높이와 간격과 색상까지 일률적이고 스카이라인까지 맞추어야 사람들은 멋있다. 예쁘다고 한다. 참으로 자기중심적이고 인간 중심적이다. 인위적人爲的이다.

인공 숲은 자본의 흐름과 사람들의 급한 마음 사람들의 바쁘고 급한 삶의 속도와도 맞추어 동행하여 가야 정상적인 듯 보기 좋은 듯하나 보다. 그리고 보면 나무꾼도 본의든 타의든 자본이라는 개념이 들어 있는 듯하다.

자본은 잠도 없이 환한 유혹의 불빛으로 화려하고 근사한 인공 숲이 더 많은 사람의 마음과 시선을 유혹하는 것도 사실이다. 여하간 어차피 새로 만드는 인공적 숲이니 숲을 만드는 손길도 마음을 편하게 만들고 보기 좋은 경제적 관점에서 투자처의 목적과 기준에 우선하는 인공 숲이 된다.

　우리가 좋아하는 자연적인 숲은 전통적 시골 마을의 오래된 숲을 닮은 듯하다. 오래된 숲은 고향의 마을 길에 들어가는 길목에 난 풀들과 오래되어 쓰러질듯한 황토 돌담과 낡은 지붕을 닮은 듯하다.

　집이 자연스러운 것인지? 자연이 오래된 집을 닮은 것인지? 모르겠다. 오래된 마을 길과 오래된 기와지붕과 반쯤 녹이 난 함석지붕이 더 자연스럽게 보인다. 시골집 옆에 붙어 있는 몇 고랑에 심어진 무밭 파밭이 더 자연스럽게 보인다. 시골집 담장 옆 감나무와 논두렁이 더 시골스럽고 자연스럽게 보이기도 한다. 모처럼 부모 형제님들이 계신 고향을 찾은 명절에 자연과 함께 살아오신 부모님들의 표정이야말로 마음의 고향 우리들의 마음속에 있는 자연 전부이다.

　햇볕에 그을린 어머니 아버지의 얼굴 얼마나 위대하고 아름다우면서도 인자한 자연을 닮은 얼굴인가를 생각해보라! 부모님의 얼굴만 잘 보아도, 산천초목 자연을 본 것보다. 더 큰 우주의 자연을 본 그것 같다. 어머니 아버지의 얼굴보다 더 자연스러운 자연미가 어디에 있을까 하는 생각이다.

　우리의 대자연이 부모님의 얼굴이고 부모님의 손과 발이다. 아버지 어머니 살아생전 발 한번 씻어 드려 보았는지 묻고 싶다. 부모님들은 행복과 사랑으로 만끽하고도 남을 것이라 하겠다. 가끔 가는 고향마을 부모님의 손과 발 굳은살만 잘 알고, 잘 보고와도 자연을 반쯤은 안다고 할 것이다.

봄의 숲

숲의 봄을 말하고 싶다.

숲의 봄, 여름, 가을, 겨울을 생각해 보고 싶다.

숲이란 말만 들어도 코가 상쾌하고 마음과 몸이 가벼워지는 기분이다.

숲이란 생각만 해도 가슴이 들뜨는 기분이고 신나는 일이다

숲이란 살아있는 나무들이 모여 있는 곳이고 미생물들까지 함께 살아가는 곳이다.

숲이란 생물들이 살아가는 행복한 보금자리이고 낙원이다.

숲이란 더 설명할 이유와 필요성이 없을 것 같다. 목木이고, 림林이고, 삼森이다.

숲이란 글씨도 간결하다.

단 한자의 글씨가 이리도 우리를 행복하게 할 수 있을까? 숲!

숲이란 글씨 한 자가 우리를 이리도 건강한 힘과 이리도 우리가 고마울 수가 있을까? 숲이란 글씨 한 글자가 이리도 소중하고 귀한 줄 예전에는 몰랐던 것 같다.

숲이란 수풀이란 글을 갈고, 닦고, 다듬고, 광을 낸 글씨가 아닌가 생각한다. 숲이란 다양한 나무들이 주로 사는 곳이고 미생물까지 함께 살아가는 산림이다. 숲이란 숲이라고 불리는 공원이 숲이 아닌 일도 있다. 숲이란 나무들 살아가는 곳에서 생명이 숨 쉬는 삶의 터전이다.

  이제는 봄의 숲을 이야기하여보자.
  봄의 숲은 생명이 움트고 있다.
  봄의 숲은 움트고 있는 생명이고 생명은 희망이다.

숲에서 숲을 보다

- 숲에 가서 숲을 보기는 힘이 들 것 같다.
- 숲에 들면 좋다는 이야기가 절로 나온다.
- 숲에 들면 행복하다는 이야기가 절로 나온다.
- 숲에 들면 향기롭다는 이야기가 절로 나온다.
- 숲에 들면 영혼이 참 맑아지는 듯하다.

- 숲에 들면 어머님 품에 안긴 듯 편하고 안락하다.
- 숲에 들면 피톤치드 향기가 어머니의 향기 같다.
- 숲에 들면 숲은 어머니 가슴처럼 언제나 너그럽다.
- 숲에 들면 모두의 요람搖籃 같은 평화로움이 있다.
- 숲에 들면 이것이 평화고 이것이 사랑인가 싶다.

- 숲에 들면 작은 오솔길이 나를 마중 나온다.
- 숲에 들면 숲이 생각을 풀게 하여 기억이 새롭다.
- 숲에 들면 숲길이 우리들의 몸과 마음을 자유롭게 한다.

· 숲에 들면 눈보다 마음이 더 즐겁고 행복하고 풍족하다.
· 숲에 들면 눈보다 코가 행복하고 폐가 먼저 알고 신바람이 난다.
· 숲에 들면 눈보다 머리가, 몸보다 마음이 더 평안하다.
· 숲에 들면 눈보다 입술보다 입안이 더 상쾌하다.
· 숲에 들면 나무는 마음으로 이야기하는 것을 느낀다.
· 숲에 들면 볼거리는 별로 없는듯해도 모두가 좋아한다.
· 숲에 들어 나뭇가지 사이로 하늘을 보라 구름 한 장 흘러간다.
· 숲에 들어 나뭇가지 사이로 하늘을 보라. 맑은 바람 소리가 들린다.
· 숲에 들면 곧은 나무보다 굽고 휘어진 나무가 더 사랑스럽다.
· 숲에 들면 자연으로 가는 길을 산짐승은 발자국으로 알려 준다.
· 숲에 들면 나무들이 나무꾼을 기다리기라도 한 듯이 나를 품는다.
· 숲에 들면 나무에는 남녀노소 누구나 위로를 받을 수가 있다.
· 숲은 음이온과 피톤치드로 세로토닌으로 나를 어루만진다.

숲이 언제나 어머니의 사랑이 가득한 손길 같다.
마음이 가지는 가까운 숲으로 가자

숲길을 걷자

오늘은 퇴근길에 노란 버스가 신호 위반을 하고 깜빡이도 없이 차선을 밀고 들어오는 것을 보고 어른들보다 순수하고 정직한 아이들을 태운 차량이 무법 질주하는 것을 보면서 거친 입으로 욕이 절로 나온다.

"나쁜 쉐이"(나는 "나쁜 놈", "나쁜 세*"대신 그리 부른다.)란 평상시 상용어가 절로 나온다. 그래서 정직하게 살려는 나무꾼 이야기 좀 해 보자.

진짜가 없는 듯한 세상 같다.

가짜가 진짜보다 더 판치며 가짜가 없는 듯한 세상이다.

공짜가 없는 세상이라는데 공짜만 있는 듯한 세상 같다.

공짜 없는 세상에서 모두가 공짜를 그리도 그리워하고 욕심내는듯하다.

진짜 같은 가짜 세상이란? 복지가 많은 세상이라고 말하고 싶다.

공짜 같은 가짜 세상은 복지가 많은 세상이라고 말하고 싶다.

진짜 같은 공짜 사기꾼들의 세상은 복지가 많은 세상이라 말하고 싶다.

가짜가 판치는 공짜 같은 세상은 복지가 많은 세상이라 말하고 싶다.

공짜가 판치는 가짜 세상은 복지가 너무 많은 세상이라 말하고 싶다.

가짜가 진짜 같은 세상은 정의롭지 못한 몹쓸 세상이다.

복지가 많은 세상이 그리되기가 쉬운 세상이라 말하고 싶다.

진짜라는 말은! 믿어도 된다는 참이란 말 같다.

깨기름이 참기름이고 참기름이 참깨 기름이다.

들기름은 들깨로 짠 기름을 들기름이라고도 한다.

진짜란 말은 좋다는 말이고 진실을 이야기하는 듯하여 고맙다. 그러나

진짜 같은 가짜 참살이도 문제다. 말만 참살이고 가짜 참살이를 파는 집이다. 요즘 세상은 진짜도 가짜의 그늘 환경에서는 못 믿을 세상이 된 듯하다. 참깨를 볶아서 짠 참기름이란? 진짜라고 하는 참기름이다. 근데 가짜 참기름인 진짜 아닌 가짜 참기름도 있단다. 깨 기름, 들깨 기름이 아니고 참기름이 있다는 것은 가짜 참기름도 있다는 그것을 증명하는 듯하다. 진짜 순 참기름이란 것도 보았다. 참 참기름도 있다. 이는 거짓 참기름이 있다는 참 참기름 집의 말 같다.

차라리 몇°C 에서 구워 짠 개기름이란 말을 쓰면 좋을 것 같고 몇°C 에서 구워 짠 들깨 기름이라고 하라고 하고 싶다. 기름을 많이 얻기 위해 깨를 100°C 이상에서 태우다시피 하여 깨기름을 짜고 참기름이란 이름을 사용한다. 원조집이란 다른 집은 원조가 아닌듯하다. 원 원조집도 있다. 그러면 원조집은 들 원조 집이다. 역사가 길뿐 원조는 아니다.

원래 원조집도 있다. 다른 집은 가짜란 암시 같고 이야기 같다. 그러고 보면 원조 집이라면 원조란 글씨를 쓰지 않아도 된다. 새로 창업하는 집의 간판이 원조 집이다. 쉬었다가 새로 시작하는 집인가 보다. 가짜가 진짜처럼 손님을 속이려 하고 있고 옆집 원조집을 속이고 양심을 파는 듯, 한심한 집이다. 라고 생각하기에 이르렀다.

아차 원조라고 시작하는 그 사람이 가짜이고 나쁜 사람이 아니고 그를 믿지 못하는 나 자신이 나쁜 놈이고 믿지 못하는 인간 같기도 하다. 새 가짜 같은 원조는 순수하게 새로 시작하는 처음 시작하는 원조라는 뜻도 될 수가 있다. 그 순수함에서 음식을 먹고 나서 내내 믿지 못하는 내가 가짜다. 가짜가 진짜를 의심하는 어처구니없는 일이 벌어진 듯하다. 원조는 아니지만, 마음 편히 먹을 수 있는 식당이 바로 자연스러운 원조 같은 우리 집의 식단이다. 음식을 준비하는 가족의 손길이 감사하다. 사랑스럽고. 행복하다.

가짜 아닌 진짜인 자연이 좋다.

남같이 살아도 남보다 나은 나무 같은 삶을 살고 싶다.

남을 남 탓하지 않고 스스로 남 탓하지 않고 사는 나무가 좋다.

우리는 누구나 자연과 함께 있으면 마음이 편안하고 행복해진다.

아마도 이는 현재를 살아가는 현대인이 인류로 진화한 뒤 500만 년의 세월 대부분을 자연 속에서 생활했다는 사실과 매우 깊은 관련이 있을 것이다.

고대 그리스의 의학자인 히포크라테스Hippokrotes는

1. 건강은 인체 내부에 있는 자연과 외부 자연과의 조화로 이루어지며 질병은 그 반대 상태인 부조화로 생기는 것이라고 한다. 또한

2. 현명한 자는 건강을 인간의 가장 큰 축복으로 여기고, 아플 땐 병으로부터 혜택을 얻어낼 방법을 스스로 생각하여 배워야 한다.'라고 했다.

3. 누군가를 치료하기 전에 그를 병들게 한 것들을 포기할 수 있는지를 물어보라.

4. 기분이 우울하면 걸어라. 그래도 여전히 우울하면 다시 걸어라
5. 우리 속의 자연 치유력이 진정한 질병의 치유제다.
6. 과하거나 넘치는 그것은 자연의 섭리에 어긋난다.

진짜 자연과 자연 같은 진짜 자연을 만나 살고 싶다.
 나무, 숲, 산림, 잡초, 약초, 이름만 들어도 스트레스를 감소시킬 힘을 갖고 있다. 적당한 스트레스는 몸에 이로울 수 있으나 스트레스가 과하거나 장기화하면 스트레스 호르몬인 코르티솔Cortisol의 농도가 높아지기 때문에 불안과 초조 상태가 이어질 수 있고 만성피로, 만성두통, 불면증 등의 증상이 나타나 날 수 있다.'라고 한다. 그러니 남에게 스트레스를 주는 그것은 죄악罪惡이다.
 자연의 환경 숲의 환경은 인간에게 많은 심리적 육체적 위협과 스트레스 자극을 심하게 노출하는 경쟁 사회의 도시환경과 달리 적은 인구밀도, 낮은 수준의 소음과 움직임 그리고 낮은 변화율을 가지고 있음으로 숲이 스트레스 자극을 적게 받는 환경이므로 인하여 불안감과 우울감을 감소시키는 역할을 했을 것이라고 판단된다.
 이처럼 나무가 있는 자연의 환경, 숲은 우리의 건강을 유지할 수 있고 심신을 치유할 수 있는 공간이다. 바쁜 일상 속에서도 우리의 건강과 여유를 찾기 위해 가까운 공원이나 숲을 찾아 1만 보쯤 걸어 보는 것은 참 좋다. 권고하고 싶다.

나무의 공덕功德

　나무가 하는 일이 세상 제일의 사랑이고 제일 고마운 일이라는 생각이다. 나무가 하는 일이 자연을 보호하며 지구를 지키는 일이라는 생각이다. 토양을 보호하고 대기의 습도를 조절하고 대기의 온도를 조절하며 대기의 미세 먼지를 정리하고 치산과 치수의 일까지 담당하고 있다.

　또한, 세상을 평화롭게 바꾸고, 세상을 자연스럽게 보호하고 있는 듯하다. 그리도 좋은 일 하면서도 생색을 내는 일도 없고 일의 가치를 따져 수고의 대가代價를 요구한 적도 없다. 나무는 세상을 위해 열심히 수고하며 살고 있는데 사람은 자연환경을 위해 하는 일이 없더라도 고마운 마음으로 오염시키지 말고 잘 사용만 하여도 감사할 일이다.

　나무는 세상의 환경을 아우르며 세상 생물들이 살기 편하게 많은 일을 하고 있다. 사람들은 자연환경의 도움을 받으면서도 자연환경을 위해 선한 일을 하는 것은 하나도 없는 듯하다. 나무는 언제나 한자리에서 수많은 일을 한다. 감사할 일이다. 지구는 인간의 세상 같지만, 사람들만의 자연이 아님을 알아주기 바란다. 수많은 생물의 삶의 터전이요, 생물들 모두의 요람이기도 하다.

누가 이야기했다. 태양이 햇볕을 지구에 주는 이유는 나무를 위한 것이라 한다. 나무는 햇빛의 속마음을 제 잎사귀에 적어놓고 나머지는 나무와 함께하는 벌레나 동물에게 체온으로 돌려준다고 한다.

그래서 봄여름은 푸르른 낙원 같고 가을 겨울은 만산홍엽이 된다는 것이다. 태양 주위를 떠도는 여러 행성 중 초록 식물이 자라고 있는 위성이 지구 말고 또 있을까? 지구처럼 여러 생명이 함께 공존하고 있는 행성은 있을까? 궁금하다.

지구의 모든 생명체가 누리고 있는 이 엄청난 행운은 이미 아주 오래전부터 시작해서 지금도 계속 지켜지는 하나의 동맹처럼 이어지고 있다. 하지만 문명과 함께 인류의 욕심이 커지면서 생명의 동맹에 서서히 균열이 발생했다. 사람들이 필요할 때는 자연의 파트너가 되지만, 스스로 살만하면 파트너 관계는 깨져버리는 것 같다. 이렇게 인류의 무분별한 개발로 자연환경이 파괴되었고, 넘쳐나는 쓰레기로 인해 토양과 바다가 서서히 오염되어 버렸다.

그렇게 지구는 온난화가 심해지고 사막화가 되어가고, 오존층이 얇아지고 미세 먼지가 날아다닌다. 이쯤 되면 사람들은 자연을 파트너로 여길 만하건만 아직도 사람들은 스스로 살아갈 만한 환경이라 생각하는가 보다. 지구가 인류에게 생명의 동맹을 지키라는 경고의 메시지는 계속 나오는데도 인간들은 귀와 눈은 오로지 물질에만 집중할 뿐 자연을 외면하고 있는 것 같다. 자연에서 받은 만큼 자연으로 돌려주는 것은 지구와 인간이 지켜온 생명의 규칙이자 자연의 질서이고 자연에 대한 하나의 예의이다.

그동안 삶을 지속하였던 생물들과의 자연과 지구와 사람 사이의 파트너 관계인 동맹이 무너진다면 지금의 어떤 것도 처음부터 없었던 것처럼 사라질 것이라는 이야기를 나무 심는 나무꾼은 이야기하고 싶다. 지금 우리가 멋대로 다루는 지구의 모든 것들 무질서 자연의 무례함은 결코 우리의 소유물이 아님을 우리는 이 시간 자각해 주기를 바라는 마음이다.

지구와의 동맹을 지키는 사람들의 약속 조건은 조물주가 주신 축복의 은혜를 잠시 우리가 누리는 선물일 뿐이다.

이 또한 나무꾼의 생각 없는 생각일 뿐인듯하다.

나무의 언어

나무들이 하는 말일 것이다.
사람의 생각이란 참으로 생각 없는 생각들이라고….
공짜를 좋아하는 사람들을 두고 하는 말일 것이다.
사람들은 생각 없이 친구를 사귀는 경우가 많다고….
어리석은 사람은 한순간에 친구가 되었다가 한순간에 원수가 된다.
사람들은 거짓말을 진실처럼 한다고….
운동* 사람들은 콧바람이 태풍이 되기를 바라고 살아간다.

사람들의 진실은 어디에 있을까요? 사람의 존재는 머무는 것도 아니고, 떠나는 것도 아니다. 지금의 자신뿐이다. 사람들이 스스로 빛내는 성품이라 여긴다면, 등불이 기름도 없이 스스로 빛낸다고 인식하는 듯하다. 사람들의 가치는 나무 심는 일보다 더 가치 있는 일이 없을 거라는 생각이다. 도시의 자연은 적어도 부분적으로는 도시도 야생적이다.

나무는 말이 없다. 그래도 탄소 저장고이고, 온도 조정의 핵심이다. 사람은 스스로 교만하지만, 우리의 몸은 각 부위에 잘 의지하는 일이다. 세상에 변하지 않는 진리가 있습니다. 그것은 모든 것이 변한다는 것입니다.

나무의 생애

인생을 나무에 배운다.
· 나무는 남을 이기려 하지 않고 자신을 이기려 애를 쓴다.
· 나무는 산을 푸르게 지키려는 것이 아니라 자신을 푸르게 지키려 한다.
· 나무는 산을 지키고 정복하려 하지 않고 오로지 자신을 정복하려 한다.
· 나무는 남을 이기려 하지 않고 오로지 자신만을 이기려 한다.
· 나무는 자신이 최고의 적이고, 자신이 최고의 자산이다.
· 나무는 모든 것을 남이 아닌 자신을 위해 시작하고 자신에 귀착한다.
· 나무는 모두가 떠나도, 마지막 남는 것은 자신뿐이라는 것을 알고 있다.
나무는 세상을 겁내지 않는다.
· 나무는 스스로 불안하다.
· 나무는 스스로 외롭다.
· 나무는 스스로 힘들다.
· 나무는 스스로 괴롭다.
· 나무는 스스로 즐겁다.
· 나무는 스스로 만족한다.

- 나무는 스스로 행복하다.
- 나무는 스스로 감사하다.
- 나무는 스스로 사랑이다.
- 나무는 스스로 자란다.
- 나무는 스스로 늙어 스스로 넘어질 뿐이다.
- 나무가 넘어지는 시간이 언제일까? 사람들은 알기 힘들다.
- 나무가 쓰러지기 전에 목재로 환생할 준비를 한다.
- 나무를 사랑하고 좋아하는 사람들이 나무를 괴롭힌다.
- 나무는 대부분 100년에서 300년 사이에 목재로 다시 태어난다.

100년 아니 1,000년 후에, 아니 5,000년 후에 닥쳐올 운명을 담담하게 기다리며 살아가는 나무에 배우며 감사할 줄 알아야 할 것이다.

나무의 용도

　가구, 가래, 가마 10여 종, 가마니틀, 가면, 가면 통 10여 종, 가야금, 각종 채소 지지 대 20여 종, 가판대 5종,

　각종 짐승의 모형 20여 종, 간판 10여 종, 감자 저장고, 고구마 저장고, 건축자재류 100여 종,

　경계 목, 경패經牌, 계단 목, 계단 손잡이, 고르개(인쇄기), 갈퀴, 고르개(곡식), 걸레받이 30여 종, 식탁 10여 종,

　곡류 바가지, 곡괭이 자루, 공기구 손잡이용도 33가지, 곤장, 곤장 틀, 골프채, 곰방, 곤봉, 공예용 100가지,

　과일 바구니, 관, 꽹과리채, 매구 채, 북채 등 5가지, 교실 바닥재, 교탁, 교자상, 야구방망이, 광차 침목류 5가지,

　나무 대문, 나막신, 거문고, 교탁, 교회 단상, 구정물 통, 국그릇, 그릇류 50여 가지, 국수 걸대, 국수 밀대, 괘, 상여, 귀로, 그네, 그릇, 그릇 꽃이, 기차 받침목, 기차 긴 의자, 꽃잔, 끌 종류 20여 가지,

　나무 갈퀴, 나무 도르래, 나무 접시, 나무 쟁반, 나무 그릇, 나무 종기, 나무젓가락, 나무 화각장, 나무로 만든 장난감 100여 종,

나무 높이 뛰기, 나막신, 나무 노리개, 나무 갈퀴, 나무 그릇, 50여 종, 나무망치, 나무 바가지, 차량 받침목, 나침반, 나전함, 낚싯대, 낚싯대 받침, 대다, 나무 신발, 낫자루, 노트 20여 종,

책, 작업 쟁기, 농, 논 쟁기, 마차, 우마차, 다듬 방망이, **빨래방망이**, 닭장, 닭회, 닭 모이통, 아이들 장난감 50여 종,

도리깨, 도리깨 자루, 도마, 도마 대, 도시락, 도장, 독서대, 돔, 동바리, 동좌때, 돼지 밥통, 돼지우리, 두레. 두레박, 두부에 판, 뒤주, 드럼채, 북채, 꾕과리채, 드젬백, 등가, 등걸께, 등산지팡이, 등산 가마, 등산 방향목, 등산지팡이, 등좌, 등지게, 디딜방아, 디딤목, 따다기, 떡메, 떡살, 떡판, 뛰어넘기용 뜀틀, 뛰어넘기 장대, 라디오 틀, 스피크, 라디오, 라디오 케이스, 레고, 로봇, 로즈우드 블럭, 롱 드럼, 리어카, 바닥재, 마구리, 마루, 마차, 만돌린, 말마구, 말 회초리, 되, 말통, 맛뎅이채, 곰배, 망치 자루, 매구, 머리장, 배게, 먹통, 멍에, 메구, 메모판, 메모지, 메모장, 메주틀, 명판, 명패, 명함꽂이, 모래시계, 목각장 30여 가지,

목공지게, 목주, 목욕통, 목주, 목칠공예, 목침, 목탁, 나무못, 몽둥이, 목판, 두부판, 문 손잡이, 문갑, 문살, 문종이, 문지방, 문틀, 문패, 문패 그림, 문풍지, 물감 종이, 물고기 덫, 물레, 물레방아, 물레막이, 물통, 미끄럼틀, 바가지, 바둑판, 옷걸이, 발 마사지, 발판, 발목 펌프, 발판, 밥상, 밥주걱, 밥상, 방망이, 방문, 대문, 방아, 반텡이, 배, 배키. 배 노젓기, 배판, 뱃머리, 버닝, 버팀목, 벌 먹이통, 벌 소비 등 10가지,

분뇨 바가지, 분뇨채, 화장실발받이, 벌격왕판, 별 소비, 벌대, 벌집 지붕, 나무 베게, 베틀, 벽체 재료, 병마게, 병풍, 병풍 보관함, 보드용 15여 종,

보막이, 보면대, 보리탈 곡기, 보판, 복자, 봉인, 봉황, 부엌 선반, 부챗살, 북, 불 끄기 재료 5가지,

불상, 불소시게, 붐훼이커, 붓, 붓걸이, 붓 고리, 붓통, 붓자루, 블라드, 비짜루나무비행기, 빗자루대, 빨래다 딤, 빨래줄받침, 빨레 방망이, 디딤 방망이, 빨래판, 빵그릇, 빵 판, 떡판, 사각 밥상, 사다리, 사발, 사운드 휘슬, 사진틀, 사탕 그릇, 삼태기, 삽다리, 삼태기, 삽자루, 괭이자루, 낫자루, 망치 자루, 외 20여 종,

새집, 새 조각, 새총, 색연필, 연필, 서각통, 서까래.., 서류함, 서서 책상, 서예 종이, 서예지, 서재장, 선반, 성냥, 성문, 성전문, 성전 테이블, 세시랑 자루, 소 들메, 소들 보, 소등 잔, 소등 좌, 소 마구, 소먹이통, 소목대, 소반, 소밥 주걱, 시죽통, 소우리, 소음방제재, 소죽통, 소 코뚜레, 나막신, 소회초리, 손잡이, 솔 자루, 솟대, 평행봉, 홍두깨, 송곳 잡이, 송진, 쇠스랑 손잡이, 쇳대, 소파, 수납장, 수납함, 수수 탈곡기, 수저, 수저받침, 수저 통, 술잔, 술통, 숫가락, 수저받침, 숯, 연료, 팰릿 재료, 팰릿, 스위치 커버, 스탬프, 스포츠용품 손잡이 10가지,

나무 신발, 신발 걸이, 신발장, 슬라의벨, 시계를, 시이소, 시전 저판, 소시 죽 바가지, 식기건조대, 식물 지지대 10여 종,

여장군, 대장군, 연살, 연 실패, 식탁, 실꾸리, 실내 계단목, 십자가, 싸리발, 나무 대문, 쌀 두지, 쌀메, 쌀통, 썰메, 쐬기, 쓰리, 씽크대, 아쟁, 안경테, 안구, 안마기, 액자, 쓰리, 아쟁, 악장, 액자, 야구 방망이, 야외 테이블, 야채 바구니, 옷걸이, 양봉 소비, 꿀 받이, 어린이들 놀이기구 10여 종 이상,

얼기미, 에그 셰이크, 발 받침, 연상 문갑, 광차 브레이크, 침목, 연필, 연필꽂이통, 염소 밥통, 염전 물푸기, 염점물 푸기 지렛대, 염주, 염주알, 영전함, 오동나무 한, 오르간, 오물통, 오션 그름, 옷장, 와인팩, 용마루, 우드블록, 스피커 통, 측량 폴대, 측량 말뚝, 치이, 기타, 우산 살대, 우산, 우유팩, 운동기구 30여 종,

울타리, 원두막, 원목 벤치, 원목 스툴, 원반, 원형 맛 자지, 월력, 육척 자, 대자, 월력, 윷, 윷말, 의료기 의자, 치료용 침대, 의료용 사다리, 이쑤시개, 의료용 도구 30여 종,

측량 평판, 측량 말뚝, 이불장, 오보에, 와이나 통, 클라리넷, 이통, 인괘, 인형, 나뭇잎 모형, 대자, 대줄 자, 자귀 자루, 자귀 받침, 자동차 바닥재, 작두 받침, 잔 받침, 잠자리채, 장고, 장구채, 장군, 물통, 오물통, 장기, 장기판, 장기 알, 장대, 장대뛰기, 장롱, 장식 기둥, 재기, 재떨이, 쟁기, 후치, 쟁반, 저금통, 수저, 전주, 전선감기통, 절구, 절굿대, 제도판, 제사상, 제사상 교만, 조각대, 조명대, 종기, 조종 이끈. 종지. 주걱, 주발. 주산, 주산 알, 지팡이, 지휘봉, 지게. 지게 받침대, 지렛대, 지지대, 지팡이, 지통, 직인, 진열장, 창문, 창문틀, 책받침, 책장, 책상, 처마, 천하대장군, 지하여장군, 철봉, 평행봉, 초롱, 촛대, 축구 골대, 침대, 침대 보드, 침목, 치이, 치키 다스, 촛대, 침반, 침 터, 칼, 칼자루, 칼집, 커피통, 컴퓨터 테이블, 컵, 케스타 네츠, 카사바, 커피 수저, 북, 큰 북, 키, 타작 채, 탁구대, 탁상시계, 탈곡기, 탬버린, 테니스 채, 탁구 라켓, 야구방망이, 토끼집, 크로 사운드, 토류 팝, 티브이 박스, 풍구, 풍금, 피아노, 토목재료 30여 가지,

통발, 퉁소, 티자, 평상, 케이블, 평행봉, 포장재, 포크, 파티션, 필통, 한지 문살, 함지박, 합판류 20여 가지,

석까레, 해머, 해주반, 행여, 관, 향합, 헨즈온드름, 형틀, 형틀매, 호롱불통, 호미 자루, 화살, 화살촉, 화장대, 화형 호족반, 확성기, 활, 활관, 효자손, 후치, 회초리, 흑칠 소반, 흙막이틀, 흙벽돌틀, 해금, 함지, 화훼 가면, 한약재의 재료로 100 가지 이상은 될 듯하다.

나무들이 잘 자라 생명을 다하고 나서도 목재가 되어 인간들을 위하여 사용되는 용도는 10,000 가지가 넘는다고 한다. 나무꾼이 생각나는 대로 적어 보았다. 앞으로도 이웃의 도움을 받아서 10,000 가지를 채워 보려 한다.

식물과 동물

 식물이 동물의 감정을 읽을 수 있을까? 나무 심는 나무꾼은 ok다. 식물이 내 생각을 읽는 게 틀림없다. 사람의 뇌파도, 식물의 파동도, 모두 똑같은 미립자로 만들어져 있다. 식물이 사람의 생각을 읽어내고 정보를 주고받는 건 지극히 당연한 일이다. 사랑받고, 칭찬받고, 축복받는 식물이 더 건강한 것을 보면….

육림의 날 막걸리 한 잔

육림育林이란? 애림愛林 녹화綠化를 위하여 정한 날. 1977년에 처음 시행되었다. 매년 11월 첫째 토요일이다. 요즘은 '육림의 날' 대신 순화한 용어로 '나무 가꾸는 날' 또는 '수풀 가꾸는 날'이라는 말을 쓰자고 권유하고 있다.

오늘은 '나무도 막걸리 한 잔'이라는 주제로 이야기를 해보자. 나무를 심을 때 막걸리를 함께 주면 좋다는 설과 막걸리는 나무를 심고 나서 주어야 한다는 설에 대하여 생각해 본다. 막걸리는 쌀과 누룩 성분에 영양소가 풍부하게 들어있는 발효식품이다. 이 성분은 추운 겨울을 버텨야 하는 나무에는 보약이나 다름없다. 그렇다고 몇 병을 더러 부을 수도 없는 일이다. 막걸리를 나무에 거름으로 주는 방법은

1. 희석할 때는 막걸리 용량의 3배 정도 물을 섞어 나무뿌리 부근에 뿌려준다.

2. 희석하지 않을 경우에는 나무에서 60㎝~1m 정도 떨어진 땅에 주면 된다.

3. 유통기간이 지나, 오래 보관했던 것도 나무는 좋아할 일이다. 그래도 희석은 꼭 해야 한다.

4. 막걸리를 활용해 나무 거름으로 활용하면 건강한 나무 관리는 물론 환경오염도 줄일 수 있어 1석2조의 효과를 거둘 수 있다.

이것만이라도 알고 있다면 막걸리 논쟁은 이제 그만해도 될 것 같다. 하여간 매년 11월 첫째 토요일은 나무를 심거나 나무의 씨를 뿌려 인공적으로 나무를 잘 가꾸자는 육림의 날이란 것을 기억해 주는 것만으로도 나무로서는 고마운 일일 것이다. 모두가 나무에 더한 애정을 더 가져 주기를 바란다. 그리하여 나무를 정성 들여 잘 심는 사람들의 덕분에 요즘처럼 푸른 산이 되었고 다시 금수강산이 만들어지고 있다.

나무를 심지 않는 자들일수록 나무를 사랑하지 않고 함부로 베고, 훼손하는 경향이 있다. 봄에 심은 나무를 가꾸는 날로 예전엔 육림을 잘하자는 뜻으로 육림의 날 행사를 했다.

요즘은 기온이 많이 올라 4월 5일은 나무 심기에는 늦은 감이 있다. 식목일이 딱히 4월 5일이 아닌 듯하다. 차라리 육림의 날을 식목일로, 식목일을 육림의 날로 바꾸어 정했으면 어떨까 하는 생각이다. 가을에 나무를 심자는 식목일로 정하면 더 좋을 것 같은 마음이 간절하다.

요즘 10월 말부터 '숲 가꾸기의 날'이라고 하여 거름 주는 행사를 하고 있다. 그러나 이제는 10월 말부터 나무 심기를 시작하여 3월 말까지 부지런히 나무를 심자는 주장을 하고 싶기도 하다.

전 국토의 75% 가까이 산으로 구성된 우리나라가 이제는 공공연히 전 국토의 62%가 산이라고 말하고 있다. 참으로 산림의 덕을 많이 본 만큼 훼손도 엄청나다. 나무 심는 나무꾼은 그 훼손한 양만큼 나무를 어디에 심었는지 지금이라도 묻고 싶다.

산림이 줄어든 이유는 도로 공사로 산이 잘리고 터널이 생기고 용도 변경으로 산림들이 많이 훼손되었기 때문이다. 가장 많이 산이 훼손된 이유는 도로를 다시 개설하거나 확장하면서 산림 면적이 많이 줄었다는 것은 모두가 인정한다. 국가의 발전과 시대의 변화에 순응하지 않을 수도 없는 일이다.

우리는 주말이면 산이 좋다고 산으로 오른다. 하지만 자기가 좋아하는 산, 자기들이 좋아하는 나무들이 뿌리가 드러나도 흙 한 줌 가져다 덮어 주는 이는 아직 본 적이 없다. 몇 년 전 나무 심는 나무꾼이 한라산을 오르는데 자연 분해되는 산림용 흙 봉투를 만들어 산을 오르다가 표시된 부분에 갖다 놓는 환경 운동에 참여한 적이 있었다. 그런 일을 나무 심는 나무꾼이 직접 한번 주선하고 싶은 마음이다. 여하간 1977년 육림의 날이 제정되었고 1989년에 폐지되었다. 이후로는 11월 1일~11월 7일까지 7일간을 '육림 주간'으로 설정하여, 육림 및 산림사업의 중요성에 대한 국민의 인식을 제고하고 나무 가꾸기 분위기를 조성하였다.

그렇다고 가을에만 거름 줘야 하는 것은 아니다. 봄도 비료 주기는 괜찮다. 봄이 더 좋기도 하다. 여름에도 괜찮지만 웃자라면 겨울을 나기 힘들 수 있는 수종들이 있어 조심해야 하고 다른 계절에는 무방하다.

단, 소나무 종류는 거름을 주지 않는 것이 나무를 건강하게 키우는 하나의 방법이다. 유기질(퇴비) 거름을 소나무에 줄 경우 솔방울이 많이 달리는 병이 걸려 점차 쇠약해질 수 있기 때문이다. 소나무는 맨땅인 상태에서 뿌리와 연결된 버섯이 피는 균을 만들어서 버섯과 공생을 하기도 한다.

나무가 광합성을 통해 만든 과당(탄수화물)을 버섯이 먹고 버섯이 갖고 있는 물과 질소, 인 등 영양물질을 소나무는 받아들인다. 나무들도 참으로 지혜롭고 영리하다. 거름이 많으면 이 공생 관계가 형성되지 않아서 소나무는 밥만 먹고 사는 꼴이 된다. 나무는 스스로 에너지를 만들어 사용한다.

새마을 정신이 근면, 자조, 협동이 아니든가! 나무는 자립, 자존, 검소, 근면, 절약, 새마을 정신으로 살아간다. 자연스럽게 살아온 나무에 이 말이 맞을 수도 있지만 옮겨 심은 나무들은 스스로 선택한 삶이 아니기에 상태에 따라 옮겨 심은 사람들이 나무를 도와줘야 잘 자란다. 물 주기, 지주목 메어 주기, 형편에 따라 많은 정성이 필요하다. 생명을 살리는 일이다.

학교나 아파트, 도로 가로수들도 거름 성분이 없는 땅에 심는 경우가 대부분이다. 지표면을 깎아내고 건물이나 도로 등을 만들었기 때문에 이러한 경우는 허다하다. 산은 낙엽이 썩어 된 부엽 층 위 20cm를 지층(地層)이라고 한다. 이 층을 걷어내 버리면 심토(深土)가 나온다. 이 땅은 알칼리토양이거나 산성토양일 가능성이 많다.

나무를 심었는데 이유 없이 죽는다면 의심해 볼 만 한 상황이다. 옆에 나무들은 잘 자라는데 그 부분에 나무만 심으면 죽는다면 가능성이 높다. 이때는 토양개량을 하고 나무를 심어야 한다. 토질 검사는 농업기술센터를 통한 자문을 받는 것이 필요하다. 가까운 농업 기술 센터 핸드폰 검색만 해도 된다. 거름을 구입하는 비용 또한 나무를 사는 비용보다는 매우 저렴하다.

이 가을 모교에 있는 나무들을 위한 거름 한 포대 보내는 일도 온정의 손길이 아닐까? 나무 심는 나무꾼의 초등학교는 폐교가 되었다. 뛰어놀던 운동장에는 풀만 무성하다. 어릴 때 그렇게 늠름하던 버즘나무가 이젠 나무꾼을 보고도 반가운 기색이 없다. 애처롭다. 관리해주지 못해 안타깝다.

이러한 심정으로 집 앞 공원이나 가로수에 물 한 바가지와 한 줌의 거름을 주기도 한다. 그 거름은 내년 더위를 물리칠 나무 그늘로 되돌아올 것이다. 그 거름은 내년 더위에 온도를 조절해 줄 나무의 에너지다. 그 거름은 내년에 대기의 먼지를 줄여줄 우리들의 의사 역할을 할 나무의 영양소가 될 것이다. 나무에 주는 것이 아니라, 나에게 주는 거름이 되고 가족과 이웃을 위한 거름이 된다. 나무는 공짜가 없다.

나무는 당신과 당신 가족에 즐거움을 줄 뿐만 아니라 이웃과 우리 집 앞을 지나는 이들에게도 좋은 공기로 깨끗하게 하고, 산소를 공급하고, 그늘을 제공하고, 야생동물을 불러오며, 토양의 침식을 방지하는 등 여러 유익을 가져다준다.

이렇게 좋은 나무를 심으려면 나무를 심기 전에, 사는 곳의 토질, 기후, 사는 지역에 어울리는 식물과 그 외에 다양한 요소들에 대해 고려해봐야 한다. 나무에 대해 생각해 보는 시간을 가짐으로써 성공적으로 나무를 심고 앞으로 많은 시간 이를 누릴 수 있을 것이다.

나무를 심기 전에, 나무를 심는 궁극적인 목적을 생각해 보자. 한두 그루의 나무로 외관을 더 멋지게 보이게 하여 집의 가치를 높이고 싶은가? 아니면 나무가 자라는 것을 보고 새와 같은 야생동물이 가지에 앉는 것을 보려는 순수한 즐거움이 목적인가?

나무를 어떤 목적으로 심으려는지를 알면, 어떤 종류의 나무가 가장 좋을 것인지부터 어디에 심을 것인지까지 모든 계획을 세우는 데 도움이 될 것이다.

우리는 사는 지역의 기후에 대해 생각하자. 나무를 심기 전에 당신의 정원이나 마당에서 그 나무가 살아남고 잘 자랄 것인지 확실하게 하기 위해서 인근의 날씨에 대해 생각해 볼 필요가 있다. 식물 내한성 구역을 보면, 당신이 사는 지역의 기후뿐만 아니라 어떤 종류의 나무가 잘 자라는지도 알 수가 있다.

나무 심을 땅을 살펴보자. 나무를 심기 전에 토지를 조사해봐야 한다. 얼마나 경사가 있는지, 어떤 것이 인접해 있는지, 배수는 어느 정도 되고, 침식 정도는 어떤지 등등의 요소들은 어떤 나무가 잘 자랄 것인지 결정하는 데 큰 영향을 준다. 예를 들어, 특별히 언덕지거나 경사진 곳에 산다면, 나무를 심는 것이 좋은 생각이 아닐 수도 있다. 나무가 제대로 뿌리를 내리지 못할 수도 있기 때문이다.

나무를 심으려는 곳 주변의 다른 나무나 식물들을 고려하자. 새로 심으려는 나무가 미관상 잘 맞아야 할 뿐만 아니라, 나무가 자랄 공간도 있어야 하고, 나무가 자라면서 주위의 다른 나무나 식물을 죽이지 않아야 한다. 땅을 파고 나무를 심는 데에 관련된 법을 살펴보자. 일반적으로 토지 사용에 관한 법률과 토지 경계 부근에 땅을 파는 것에 관한 법률이 있다. 이런 법들을 살펴보아서 당신이 땅을 파고 나무를 심어도 되는지 확인하는 것이 중요하다. 아니라면, 나무를 심지 못하게 될 뿐만 아니라, 벌금도 물게 된다.

나무 심는 것과 관련된 법률은 공중전화나 전봇대, 그리고 전선들과 관련이 있다. 땅을 파기 전에 이런 전선이나 통신망이 어디에 있는지 알아둘 필요가 있다.

가을 하늘

애국가 3절 첫머리의 '가을 하늘 공활한데'라는 뜻을 아시는가? 아마도 이것은 '넓은 하늘이 텅텅 비어 있다.'는 뜻이 아닐까 생각해 본다. 나무 심는 나무꾼이 보기에는 매우 높고 넓은 하늘에 티끌 하나 없이 맑고 깨끗한 상태를 보고 표현한 것이라는 생각이다. 가을 하늘은 그렇게 높고 맑고 깨끗하다.

계절마다 하늘 높이가 달리 보이는 이유는 무엇일까?

하늘은 4계절 높고 파랗다. 그러나 가을 하늘은 더 높고 더 파랗다. 왜 그럴까? 대륙성 찬 공기에 의한 먼지가 아래로 내려앉은 탓일까? 빛의 산란과정에 파장이 짧은 색인 파란색이 가장 크게 산란하기 때문인가? 공기 중에 먼지가 적어서 빛의 산란이 적기 때문인가? 빛의 산란이 적으니 하늘이 파랗게 잘 보이기 때문이다.

그러나 빛의 산란이 적으면 하늘은 무슨 색일까? 빛의 산란이 없으면 하늘은 검게 보인다. 무덥던 여름이 지나고 선선한 가을이 오면서 상대적으로 하늘이 높게 보이는 이유도 있을듯하다.

그래서 가을에 서산으로 해가 질 때는 해가 넘어가면서 산란 되는 빛이 파랗고, 노랗고, 붉은색으로 변하기도 한다.

그래서 아름다운 석양이 만들어지는 것이다. 여하간 가을이 지나면 겨울이다. 추운 겨울보다는 가을 하늘이 아름답다.

자연의 본성本性

자연이란 경이롭다.
자연은 나무를 닮았다.
나무는 자연을 닮았다.
자연은 스스로 창조하고
자연은 스스로 사멸한다.
자연'이란 참 복잡한 말이다.
자연이란 남의 도움을 받지 않는다.

여하간 자연이란 낱말을 언제부터 사용했는지? 중국의 사상가 노자가 지은 도덕경이란 글의 여러 곳에서 이미 쓰이고 있었다. 도덕경에 나타난 자연의 의미는 인간 사회에 대해 대응하여 원래부터 그대로 있었던 것 아니면 우주의 순리를 뜻하는 것 같다.

성경에 따르면. 천지창조 그 마지막 날인 6일째 날에. 인간이 만들어졌다. 한 마리의 벌레들조차도. 인간보다 먼저 만들어졌다는 것이다. 인간은 자연에 대해 정말 겸손해져야 한다. 환경만을 생각할 것이 아니라 자연의 위대함을 느끼길 바란다.

자연이란? 모든 생명체의 터전이요 모체 같다.

자연이란? 무심하게 보면 아무것도 아닌 것 같다. 그러나

자연이란? 자연이란 말조차도 자연에 다 담아 놓을 수가 없는 듯한 생각이다.

유럽의 여러 언어에서 자연을 뜻하는 낱말은 라틴어 natura를 어원으로 하고 있는데 프랑스이로는 nature이다. 독일어로는 natur다. 이탈리아어와 스페인어 등에서는 natura라 한다.

라틴어 natura는 "낳아진 것"이라는 뜻으로, 그리스어의 번역어로 채택되어 "본성" 즉 우주나 동물, 인간 등의 본질을 가리키는 낱말로 사용하였다.(인터넷 참조)

자연이란 무엇인가. '자연'은 생각할수록 참 복잡한 말이다. 자연에는 나무가 있다. 식물의 천국이다. 자연이란 보기만 해도 행복하다.

자연이란? 살아있는 인생의 교과서다.

자연이란? 최고의 예술품이다.

자연이란? 사랑에 빚 진자들이 사랑으로 보답해야 하는 곳이다.

자연은 어떤 '인위적인' 힘이 개입되지 않은 그 무엇을 의미한다.

그것은 저절로 생겨나서 스스로 존재하는 무엇이라도 어떤 의도나 목표로부터 자유롭다. 인간이 고정적인 실체가 아니듯 자연도 변하지 않는 개념이 아니다.

자연의 개념이 변화하기에 나의 의견과 다른 이론들도 논리적으로 타당하면 긍정할 수 있다.

자연은 '나'라는 존재가 생각하는 개념의 전부다. 그러나 자연을 누가 뭐라 해도 자연은 자연만의 실체성을 가지고 있다. 자연이란 인간의 언어에 의하여 정의된 추상적 개념만이 아니다. 자연은 문화적 전통에서 자연은 가장 옳고 가장 선하며 가장 훌륭한 것 같다.

자연은 인간이 만들어낸 모든 문화의 정수를 이미 감지하고 있으며, 동시에 인간은 자연에서 선하고 옳고 훌륭한 것들을 발견하여 자기의 것으로 만들고자 한다. 이것은 인간들이 자연에서 배운다는 이야기다. 자연의 다양한 삶의 실존이 혼종되어 형성되었을 소위 '민속'의 문화들. 농경문화를 기반으로 한 그 민중문화가 지금 어디에 어떻게 변하였는지 남아있는지 민중문화라는 게 무엇이었을지조차 모르겠다.

그러나 그러한 문화들의 중심에 자연과의 좀 더 가까운 관계와 상호작용이 자리 잡고 있었을 것이며 그 관계의 모습이 지금과는 여러모로 달랐으리라는 점은 짐작할 수 있다.

그러나 자연이 인간들에게 **빼앗겨** 단절되기 이전의 이상이면서 비어있는 곳이며 심지어 어찌 보면 낙후된 공간이다. 이 갈등과 모순이 가장 첨예하게 드러나는 지점은 개발의 현장이다. 4대강 사업의 다양한 근거 중 하나는 강을 '정비'하여 근처의 레저시설을 구축하였다는 것이다. 그 레저의 핵심은 자연과 가까이에서 자연과의 상호작용으로부터 즐거움을 느끼는 오락이라는 점이다. 이런 예는 무수히 많다.

그린벨트를 해제하고 나무를 베어 아파트 단지를 지으면서 단지 안에 다시 친환경적 환경을 만든답시고 인공하천과 조경을 조성하는 것부터 산을 깎아 만든 골프장에서 바람을 맞고 잔디를 밟으며 운동을 하는 일, 온갖 친환경 딱지가 붙은 상품들까지 자연을 모방한 비자연스러움이 자연스러움을 헷갈리게 한다.

그러나 다시 돌아가 자연이란 무엇인가? 자연은 본래 있었던 것인가? 그렇다면 본래 있었던 것이란 무엇인가?

4대강 사업 이전의 농경지도, 그린벨트 정책 이후의 산동네도, 도로들로 연결된 산들도 본래 그러한 그런 자연은 아니다. 사실 어떤 존재도 본래 그러한 존재일 수는 없다. 그리고 심지어 본래 그렇기 때문에 계속 그래야 하는 이유는 또 무엇인가? 여하간 나무 심는 나무꾼의 생각은 이 자연이란? 나무보다 잡초보다 여러 가지의 의미는 더 여러 가지가 있다.

- 자연이란? 사람들이 손길이 닿지 않는 곳이라 모두 이야기한다.
- 자연이란? 인간의 손길이 닿지 않고 스스로 존재하는 것을 말한다.
- 자연이란? 자연적으로 저절로 생겨난 상태를 이야기하는 것 같다.
- 자연이란? 산, 강, 바다, 식물, 동물도 포함된다는 생각이다.
- 자연이란? 사람들의 힘을 더하지 않은 저절로 된 그대로의 현상이다.
- 자연이란? 스스로 성장하고, 스스로 사멸하는 것일 것이다.
- 자연이란? 자연적으로 지리적으로, 지형의 물리적 환경이다.
- 자연이란? 어찌 보면 자연 사물의 환경에 있는 모든 사물의 본성이다.
- 자연이란? 우리가 경험하고 살아가는 대상의 전체일 것이다.

자연의 본성本性

- 자연이란? 참 복잡한 말이다.
- 자연이란? 참 좋은 말 같다.
- 자연이란? 참으로 자연스러운 것이다.
- 자연이란? 경제성으로 계산을 할 수가 없을 만큼 대단한 것이다.
- 자연이란? 자연은 자연적으로 만들어지는 사랑이다.
- 자연이란? 인공적인 힘에 절대 굴복하지 않을 것이다.
- 자연이란? 누구도 외면하거나 버리지 않을 것이다.
- 자연이란? 자연의 가치를 조금이라도 알고 난 후 다시 이야기해야 할 그것 같다.
- 자연이란? 잠시는 인공적인 힘에 밀리거나 훼손당하지만 언젠가는 다시 자연의 세계로 돌아온다.

나무 심는 나무꾼의 생각이다. 나무 심는 나무꾼도 결국 자연으로 조용히 돌아갈 것이다.

자연의 생태

- 자연은 기만하지 않는다.
- 자연은 진실하다.
- 자연은 민감하다.
- 자연은 참 세심하다.
- 자연은 일부러 치장하지 않는다.
- 자연은 참 부지런하다.
- 자연은 목적 없이는 아무 일도 하지 않는다.
- 자연은 누구보다 더 미래를 준비한다.
- 자연은 많은 풍요로움을 준다.
- 자연은 생색내는 일 없이 조용히 침묵한다.

가을은 온 산천의 수많은 단풍으로 우리를 일깨우고 있다.

영원한 현역으로

삶은 곧 일이다. 그러나 그 일이 가치 있는 일이어야 한다. '일하기 싫으면 먹지도 말라.' 김용기 장로님의 말씀이다. 일하고 싶은데 일거리가 없으면 누구라도 욕할 것 같다. 일이 없는 것이 아니라 하고 싶은 일, 마음에 드는 일이 없기 때문이다. 그러나 일할 거리가 마땅하지 않음도 사실이다. 일하다가 일하지 않으니 삶이 너무 의미 없고 누가 이야기하듯 멍때리는 일이다.

며칠 전 존경하는 이시형 박사님과 차를 한 잔 들면서 이런저런 이야기를 나누었다. 나무 심는 나무꾼은 참 부지런하고 열심이라고 하신다. 스스로 열심히 일하는 것도 아니라 양심에 뜨끔함을 주었다. 그래서 '요즘은 현업에 직접적인 일은 손을 놓았습니다.'라고 말씀을 드렸더니 '죽는 날까지 사람은 현역으로 살아야 한다.'는 말씀이시었다. 또, 뜨끔했다. 20년 전에도 하신 '사람은 죽는 날까지 현역으로 살아야 한다.'는 말씀이 기억났다. 그러나 나이 들어 현역으로 살다가 은퇴한 듯 일손을 놓으니 참으로 현역이란 말이 쉽고도 어렵다는 생각이 들었다. 누군가가 한 말이 생각난다. 「너의 인생을 살아라.」란 말이….

너의 일이란 '내가 가장 하고 싶은 일'이다. '내가 가장 자신 있는 일일까?' 여하간 공공적이든 공익적이든 개인적이든 도움이 되는 일을 하여야지 그냥 일만 한다고 좋은 일은 아닌 듯하다. 나무 심는 나무꾼의 일이란 나무꾼 능력의 현상 유지만으로는 머지않아 유통기한이 지나 버리는 것처럼 느껴질까 두렵다. 나무 심는 나무꾼을 일꾼으로서 세상에서는 찾아주지 않게 되어 버릴까 좀 더 나를 알리는 일을 해야 할까 보다.

그래서 나무에 관한 이야기를 담아 놓을 좋은 책으로 남길 연구와 일을 준비해야겠다는 생각이다. 보람 있는 일을 오래 계속하기 위해서는, 일할 수 있는 자신을 끊임없이 업데이트해 나가는 것이 필수 조건 같다. 나무 심는 나무꾼은 나무에 얽힌 이야기를 쓰고 책으로 만들어 보고 싶다. 죽는 날까지 나무 심는 나무꾼으로, 나무 이야기의 현역으로 글쓰기 말이다. 그래서 블로그에 이런저런 나무 이야기를 올려 보았는데 그 일이라도 꾸준히 열심히 하는지도 모르겠다.

현역으로 살려면 젊은이들에게 좀 많이 배워야 할 것 같다. 놀이도 취미도 젊은이들의 식견도 감성도 알아야겠다. 현역으로 살려면 젊은 친구들을 많이 만들어야겠다는 생각이다. 현역으로 살려면 희망의 새로운 미래를 설계하자는 생각이다. 현역으로 살려면 가슴이 두근거릴 꿈같은 일들을 만들어야 할 것이다.

누가 말했다. 노년을 위한 최선의 무기는 학문을 더 열심히 닦고 미덕을 실천하는 것이란다. 훌륭하게 산다는 것은 윤리적, 도덕적, 질서의식과 훌륭한 일을 많이 했다는 기억은 스스로 가장 즐거운 일일 것이다.

나무에 배운다

불필친교不必親教란 말이 있다. 지도자가 모든 일을 직접 챙겨선 안 된다는 말이다. 지도자는 아랫사람들에게 꿈과 희망을 심어주고 마음껏 일할 수 있게 하며 그 결과를 공정하게 평가할 수 있어야 한다는 것이다.

제갈량은 중국 삼국시대 촉한의 정치가 겸 전략가다. 제갈량이 직접 장부를 조사했다.[親交符書]. 주부主簿 양과楊課가 들어가 말했다.

"통치에는 체통이 있습니다. 상하가 영역을 침범하면 안 됩니다. 사내종은 밭 갈고, 계집종은 밥을 합니다."

우리나라 국민교육헌장에 '타고난 저마다의 소질을 계발하고….'라는 글귀가 생각난다. 국민교육을 생각하니 나무도 타고 난 저마다의 소질을 계발하고 자신의 처지가 어떠하든 약진의 발판으로 삼아 창조의 힘과 개척의 정신으로 살아가는 듯하다. 공익적으로, 공공적으로, 질서적으로, 나무들의 능력과 실질대로 자연과 상부상조하는 듯 살고 있다.

자연에는 우리에게 필요하지 않은 것이 없고 우리에게 도움이 되지 않는 것이 없다. 자연의 나무들이 모인 숲은 여러 종류의 나무가 함께 어우러져 살아가는 공간이기도 하다. 그리고 여러 종류의 초본들이 제각각 이웃하여 살고 있다.

나무들이야말로 불필친교不必親教란 말과는 거리가 먼 듯하다. 나무에 배울 일은 참으로 많다. 다음 세대들을 양육하는 방법은 더욱 그러하다. 큰 나무들은 큰 나무대로 작은 나무는 작은 나무대로 각기 스스로 살아간다. 오늘도 나무의 삶을 생각해 본다.

제 3 장

나무들은
긍정적이고 적극적이다
그리고 지능적이다

나무의 겨울

4계절 봄, 여름, 가을, 겨울

　나무 심는 나무꾼이 제일 좋아하는 계절이 봄이고, 다음이 여름, 다음이 겨울이고 그 다음이 가을이다. 나무도 봄을 기다리고 여름을 기다릴 것이다. 가을이 기다리지 않을지라도 어김없이 다가온다. 나무들은 봄, 여름 즐거이 살다가 가을이 되면, 나뭇잎을 내려놓고 겨울을 준비다. 겨울이 춥고 힘든 것은 식물도 마찬가지다. 한해살이풀은 씨앗을 남기고 사라져버렸고, 여러해살이 풀이라 해도 겨울을 견디기 어려워 땅 위의 부분은 이미 말랐고, 잎은 떨구었다. 뿌리는 새봄을 기다리며 웅크리고 있다.

　나무는 지상부가 살아있어 한해살이풀들보다 더 힘든 겨울이 될 것이다. 나무는 첫 번째는 겨울철에도 지상부가 살아있는 것이고 두 번째로는 비대 생장을 하는 것들이다. 세 번째는 풀들이 가지고 있지 않은 목질부를 가지고 있다는 것이다. 네 번째로 하나 더 이야기한다면 나무는 수십 년부터, 수천 년을 살아갈 정도로 생명이 길다는 것이다. 나무는 다음 해를 기약하면서 더 자라지 못한 성장을 더 키우기에 최선을 다한다. 그래서 2022년에는 나무들이 더 열심히 일할 것이고 더 열정적일 것이라는 믿는다.

나무들은 봄의 부푼 꿈을 안고 잎눈도 꽃눈도 호시탐탐 내년 살이를 준비할 것이다. 그러나 나무도 겨울이 싫고 무섭기는 우리와 다르지 않다. 이제 겨울을 맞아 나무들은 생장을 멈추고 엽록소가 파괴돼 초록 잎은 단풍이 들고, 잎자루에 떨켜가 생성돼 낙엽이 되어 흩어질 것이다. 그리고 가지를 드러낸 채 서 있게 될 것이다. 로댕보다도 더 많은 생각에 잠길 것이다.

소나무나 전나무 같은 상록수도 수분의 이동은 멈추고 추위를 막는 왁스 층이 두꺼워진다. 연약한 모든 부분은 모두 떨구거나 싸매고 감추며 닥쳐올 추위를 긴장하며 세월을 기다릴 것이다. 이즈음 나무를 바라보면 안 보이던 것이 눈에 띈다. 화려한 꽃눈이나 무성한 잎에 가려졌던 가지가 고스란히 드러나면서 수형 그 자체의 아름다움으로 드러난다.

나무의 굵은 줄기나 잔가지 하나하나는 그 모든 것이 이웃 나무와 햇볕을 경쟁하며 때로는 휘어지고, 때로는 키를 키우고 살아온 지난 삶의 흔적이 고스란히 드러나는 것이다. 어찌 보면 겨울에 보이는 줄기와 가지가 진짜 나무의 삶을 드러내는 참모습일 것이다.

겨울 숲에 가서 겨울나무를 바라보며 느껴지는 서늘하고도 애잔한 마음은 그 나무의 노고와 새 삶의 희비가 함께 느껴져서가 아닐까 싶지만, 땅 속에서 수고하는 나무의 뿌리들은 어떻게 지낼까 궁금하다. 나무 구경은 아는 나무를 아는 이들의 아는 만큼만 보이는 데서 즐거움도 있다. 겨울이 다가오면 나무껍질이 희어지고 벗겨지는 자작나무가 있는가 하면, 회색 나무껍질이 너덜거리는 물박달나무가 있다. 며칠 전 곰배령을 다녀오면서 모처럼 그 물박달나무에 인사하고 왔다. 내년에도 들를 것이고 이번 겨울도 한번 더 들를 계획이다. 박달나무의 꼭 와 달라는 부탁이다.

반짝이는 암갈색 수피에 옆으로 튼 듯한 줄이 가 있으면 그것은 벚나무다. 회백색 줄기에 다이아몬드 같은 무늬가 가득하면 은사시나무다. 줄기만 보고도 알아보는 나무는 얼마나 반가운가! 그런데 나무를 보면서도 나무의 이름이 생각나지 않을 때는 미치고 환장할 것 같다. 오랜만에 친구를 만나 이름이 갑자기 떠오르지 않는 것과 같다. 나이 탓일까? 보지 못한 세월이 많아서 그런 것일까? 건망증일까?

가지의 가장 끝 한 마디가 바로 1년생 가지인 소지인데, 잘 들여다보아도 잎은 없지만, 잎이 달렸던 흔적, 한 해 동안 양분과 수분을 이동시켰던 관 속의 흔적, 수피가 숨 쉬는 통기조직 같은 것이 모두 보인다. 그래서 떨어진 나뭇잎이 마주 달렸는지, 어긋나게 달렸는지도 알아볼 수 있다. 가장 중요한 것은 소지엔 동아頂芽, 즉 겨울눈이 발달하는데 바로 내년에 새 줄기가 되고, 새잎이 되고, 꽃이 될 어리고 연약한 것이 모두 이 속에 숨어 있다.

겨울눈은 백목련처럼 털 코트 같은 껍질 혹은 물푸레나무처럼 가죽 코트 같은 껍질 등 나무 각각의 특징에 따라 둘러싸여 보호되는데, 그 각각이 얼마나 개성이 있고 멋진 모습인지 모른다. 그러나 나무들은 잎눈이 꽃눈도 되고 꽃눈이 잎눈도 된다. 나무들 눈들의 영양 상태에 따라서 꽃눈으로 만들어진 꽃눈도 잎눈으로 변할 수가 있고 영양분이 충분하면 잎눈도 꽃잎으로 변하는 게 나무의 눈이다.

줄기 가장 끝에 있는 눈이 정아頂芽인데, 그 옆에는 상처를 입거나 부러지면 이를 대신할 측아側芽도 준비되어 있다. 그리고 꼭 기억해야 할 일은 겨울 동안 멈추지 않고 그 속에서 꽃눈을 열심히 분화시킨 나무는 가장 먼저 새봄을 여는 꽃을 피울 수 있는 것이다. 역시 준비된 잎눈이 먼저 잎을 보여줄 것이다.

우리에게도 언제나 겨울이 존재한다. 2021년 10월 17일 평상시 17℃ 이던 날씨가 갑자기 1℃로 내려가니 당황스러웠다. 이처럼 앞으로는 언제 어떻게 날씨가 바뀔지 의문이다. 마치 한여름에 우박이 쏟아지듯이 말이다.

계절적 겨울도 있고, 삶의 겨울도 있고, 마음의 겨울도 있다. 불평불만의 세월이 지나면 더 큰 불행의 시절이 올 것 같은 불안함도 있다. 유비무한이다. 사람도 나무도 미리미리 준비하면 겨울도 여름도 근심 걱정이 줄어든다는 이야기 같다. 어려운 시기를 열심히 대비하고, 그 속에서 열심히 준비해야 비로소 찬란한 세상이 찾아올 것이다. 그 새로운 세상이 2022년의 새봄이다. 가을 나무를 보고 겨울나무를 보면서 새로운 세상을 기약해 본다.

나무들은 말한다. 지금까지 잘 참고 왔다고…. 마음껏 이 겨울을 쉬어가란다. 그런데 이기적인 사람들은 함께 할 줄도, 반길 줄도 모른다. 마중할 줄도 모르고, 떠날 줄도 모른다. 위로하는 마음은 더더욱 없다.

나무들은 봄, 여름, 가을, 겨울, 4계절을 보내며 우리를 부른다. 나무들은 내 손을 잡는다. 그리고 내 마음까지 잡는다. 여름이 가기 전에 잡은 손 놓아주고, 겨울이 오기 전에 놓은 손 다시 잡아 준다. 내가 나무를 잡는지? 나무가 나를 잡는지! 곡돌사신曲突徙薪이다.(굴뚝을 꼬불꼬불하게 만들고 아궁이 근처近處의 나무를 다른 곳으로 옮긴다.는 뜻으로, 화근禍根을 미리 방지防止하라는 말.)

경이_{驚異}로운 삶

하나님의 성품을 가지고 있다.
- 나무의 성품이 하나님의 성품 같다.
- 나무는 나무를 보지 말고 숲을 보란다.
- 나무는 나무를 보지 말고 하는 일을 보란다.
- 나무는 1만 가지의 용도로 이용 가치다.
- 나무는 목재로의 1만 가지 이상 용도이다.
- 나무는 살아서도 죽어서도 가치적이다.
- 나무는 어느 누구도 나무라지 않는다.
- 나무도 100년, 아니 몇 천 년을 사는 생명체다.
- 나무는 인간을 위한 탄소 저장 창고다.
- 나무는 인간에게 먹거리를 제공한다.
- 나무에게 사랑도 나무처럼 늘 배우자!
- 나무들도 사랑도 하고, 서로 미워도 한다.
- 나무는 자기가 사는 자리를 탓하지 않는다.
- 나무는 온도에 예민하다. 가을이 그렇고 봄이 그렇다.

- 나무는 사람을 고친다. 나무는 보약의 재료이고 원료이다.
- 나무를 심는 일이 사람을 지키고 지구를 지키는 일이다.
- 나무 중에 감람나무는 올리브 상록 고목을 말한다.
- 나무는 가만히 있는데 바람이 나무를 흔든다.
- 나무는 하늘 아래 같은 것이 한주도 없다.
- 나무는 지구를 밤낮없이 지구를 지키고 있다.
- 나무는 뿌리가 입이고 잎들이 나무 입이다.
- 나무는 지구를 지키는 파수꾼의 이웃이다.
- 나무는 어마 무시한 태양을 만나 광합성을 한다.
- 나무는 주식보다 낫다는 나무 말이 있다,
- 나무는 자손들을 위해 많이 심을 일이다.
- 나무는 거짓말을 하지 않는다.
- 나무는 떡잎부터 알아본다.
- 나무는 겨울에도 살아있다.
- 나무는 목질부를 가지고 있다.
- 나무는 일상에서 나쁜 점이 없다.
- 나무는 최고의 에너지 원이다.
- 나무는 경제가치로 최고다.
- 나무는 쉬지 않고 생산적이다.
- 나무는 누구에게도 침묵이다.
- 나무는 누가 한 말도 비밀이다.
- 나무는 나무랄 데가 없다.

- 나무는 이름도 의미가 있다.
- 나무는 모양도 특징이 있다.
- 나무는 사랑과 향기가 있다.
- 나무는 피톤치드를 발산한다.
- 나무는 테라펜을 발산한다.
- 나무는 음이온이 풍부하다.
- 나무는 대기 습도를 조절한다.
- 나무는 대기 온도를 조절한다.
- 나무는 대기 먼지를 흡수한다.
- 나무는 일산화탄소를 흡수한다.
- 나무는 필요한 산소를 공급한다.
- 나무의 효과 효능은 감동적이다.
- 나무는 나무마다 여러 가지다.
- 나무는 언제나 희망적이다.
- 나무는 언제나 환경적이다.
- 나무는 언제나 여유적이다.
- 나무는 언제나 과로를 않는다.
- 나무는 언제나 만족하는 삶이다.
- 나무는 신비롭다.
- 나무는 오래 산다.
- 나무는 헌신적이다,
- 나무는 경이롭다.

- 나무는 사랑이다.
- 나무도 아프다. 그러나
- 나무는 새마을정신으로 산다.
- 나무는 근면하게 살아간다.
- 나무는 스스로 자립적이다.
- 나무는 스스로 자조적이다.
- 나무는 스스로 봉사적이다.
- 나무는 평생을 근면하게 산다.
- 나무는 죽는 날까지 공짜가 없다.
- 나무는 죽는날 까지 복지가 없다.
- 나무는 서서 살고 서서 죽는다.
- 나무는 생명체 중에서 가장 오래 산다. 8000~9550살의 가문비나무다.

　스웨덴과 노르웨이의 경계를 이루는 달라르나(Dalarna) 산악지대에서 발견한 나무다. 탄소 연대측정 결과 8000~9550살 된 것으로 추정되는 가문비나무다. 세계에서 '살아있는 나무' 중에 가장 나이 많은 나무로 인정하고 있다.

나무들의 소통법

나무들은 이웃 나무들과 어떻게 소통을 할까?
나무들은 나무 심는 나무꾼과 어떻게 소통을 할까?
서로가 소통은 정말 가능한 일일까?

지금까지는 나무들과 풀들은 수동적 생물로 여겨져 왔다. 나무 심는 나무꾼만 아니라 모든 사람이 그렇게 생각하고 있다. 그런데 미국에서는 비행기 탑승객에 테러할 범인을 식물로 감별하여 찾는 방법을 연구 중이라고 한다. 또 야생초 편지 저자 백스트란 사람에 의하여 거짓말 탐지 기술을 개발한 백스터 효과라 명명한듯하다. 그리고 앞으로는 우주를 탐험에 식물을 이용하는 연구를 하는 학자들이 있다는 믿지 못할 이야기까지 나온다. 이것은 사실이다. 그러나 지금까지 수 세기를 걸쳐 사람들에게나 동물들에게는 나무들이 수동적인 생물로만 여겨져 온 것도 사실이다. 그리고 실제로 식물들이 대기의 바람이나, 비에 의하지 않고는 스스로 이동도 못하고 스스로 춤을 추듯 움직임은 없었으니까! 수동적인 생물로 사람들이 인정하고 그리 보는 것도 우스운 이야기는 아니다.

그러나 가뭄에 풀들이 말라가고, 나무들의 잎이 싱싱하지 못하고 힘이 없이 처짐의 현상일 때, 비가 오거나 우리가 물을 주면 한 시간도 되지 않아 시들던 나뭇잎이 싱싱하게, 무거운 잎도 나뭇잎의 줄기가 당당히 바쳐준다. 이렇듯 환경이 좋아지면 나무들도 싱싱하게 자연의 환경을 돋보이게도 만드는 능력을 갖추고 있다. 어찌 보면 사람들이 멋진 환경 좋은 환경을 만든다고 해도 여러 종류의 나무들이 없으면 불가능한 일이다.

그러므로 나무 심는 나무꾼은 식물들, 특히 여름 나무가 자연의 아름다운 경관을 만들고 연출한다고 하고 싶다. 지구 전체의 모든 경관을 만들어 아름답게 보이는 것은 식물들이며 지구 모든 생물이 가진 체량의 99%가 식물이란다.

오늘날 공원을 만들고, 도로를 만들고, 건축하고, 동서남북 어디든 사람들이 살아가는 주변의 경관은 대부분 나무와 꽃들과 지피식물들에 의하여 주변 경관을 아름답게 연출해 내는 것이다. 그래서 요즘은 조경학이란 학문이 생기고 식물들의 복잡한 생리적 작용과, 식물의 복잡하고 놀라운 행동과, 나무의 이동(이식)에 어려움을 겪으면서도 잘 살아나서 인간에 삶의 질을 풍요롭게 만들어 주고 있다. 나무들아, 고맙다.

나무 심는 나무꾼도 조경을 업으로 하는 사람이다. 나무들의 전문가라는 사람들조차 나무와 단 한마디 상의도 없이 어느 날 예고도 없이 나무의 뿌리를 자르고 가지를 잘라 어디로 간다는 이야기도 한마디 없이 이동하여 인간의 의지대로 심고 방향을 정하고 심는다. 나무들로서는 어이가 없을 것이다. 참으로 무모한 일이다. 나무들의 비명과 나무들의 울부짖음, 고통 속의 나무들에 미안함이란 누구에게도 찾아보기가 힘이 든다.

이제야 철이 든 나무 심는 나무꾼은 많이 미안하기도 하고 그 비명소리가 들리는 듯 안타까움이 있기도 하다. 그러면 나무들과 소통은 말로 할까? 행동으로 할까? 물을 주고, 거름을 주며 달래볼까?

나무 심는 나무꾼은 사무실 복도에 모두가 조망할 수 있는 곳에 나무 몇 주, 엘리베이터 앞에도 한 주를 두고 아침 출근하면서, 근무 중 화장실을 오가면서, 퇴근하면서, 한 마디씩하고 물은 언제 줄게, 비료는 언제 줄게라고 예고한다. 누가 보면 정신 이상자처럼 웅얼 그린다고 할 것 같다. 그런데 그 나무들이 내 말을 잘 듣는지? 무슨 내용인지? 잘 아는지? 잎으로 꽃으로 새순으로 화답한다. 관심이 없으면 알면서도 모르는 척하는지 궁금하다.

그러나 단 하나 나무 심는 나무꾼은 나무들이 말을 알아듣는 듯하다고 느낀다. 단지 우리들 보다 듣기도 대답하기도 너무나 많은 시간이 걸린다는 것이다. 나무들의 동작이 없으니 이 또한 나무 심는 나무꾼의 생각이고 느낌이다. 나무꾼이 말하기도 전에 나무꾼의 생각까지도 나무들이 먼저 감지할 수 있을 수도 있으니 말이다. 단 식물들도 내가 무슨 생각을 하는지? 무슨 말을 하는지? 참으로 궁금하다는 느낌이지만 식물들이 더 잘 알 것이다.

식물도 자아와 비자아에 대한 세밀한 인식을 할 수 있으며 자신이 스스로 살아가기 위한 세포들이 사려 깊은 행동을 한다고 일단 나무 심는 나무꾼은 믿는다. 단 동물처럼 사람들처럼 정보처리나 행동이 민첩하지 못하다는 것이 문제라면 문제다. 그러나 그것도 사람들의 오해일 수가 있다. 모르면 모를수록 용감하지 않는가?

나무 심는 나무꾼은 아침에 인사하고, 점심 먹고 대답 듣고 퇴근하며 잘 자란 인사다. 그리고 아침에 출근하며 나무 심는 나무꾼이 나무에게 잘 잤냐고 물으면 나무는 이리 대답한다. 고개를 숙이면서 미~~~소~~~당.

나무꾼은 다시 오늘 하루도 '파이팅~~~~' 이렇게 소통한다. 나무 심는 나무꾼이 나무들보다 더 행동도 빠르고 민첩하니 나무들에게 천천히 답을 기다린다. 그래도 나무들은 긍정적이고 적극적이다. 그리고 지능적이다. 식물들이 뇌가 없으면서도 나무 심는 나무꾼을 잘도 기억한다. 나무 심는 나무꾼의 나무들과의 소통이다. 나무들이 물 달라면 물을 준다. 나무들이 영양제 달라면 영양제를 준다. 나무들이 햇빛을 요구하면 옮겨 주기도 한다. 이쯤만 되면 나무와 최고의 소통이라는 나무 심는 나무꾼의 생각이다. 식물이 답이다.

나무의 자비慈悲

자연의 울타리 속에 살아가는 우리는 자연을 보고, 자연을 알고, 자연을 느끼고 자연을 배우는 것이 일상이다. 모두가 나무를 좋아하고 친근하게 여기며 사랑한다. 그래서 우리 중에 나무를 싫어한다는 말을 들어보지 못했다. 누구나 다 나무를 좋아한다. 그리고 나무를 사랑하고 보호하자는 말에 동의한다.

그러나 곰곰이 살펴보면 이는 자신을 위한 이야기이지 나무를 위해서 하는 말은 아닌 것 같다. 그러기에 말과는 달리 나무를 진정 사랑하고 아끼고 보호하는 사람은 그리 많지 않다.

봄이 오면 너 나 할 것 없이 자연을 예찬하는 덕담을 하면서 한 그루의 나무를 심지만, 그 나무를 심는 이유와 목적은 다 가지가지다. 나무를 좋아서, 사랑해서, 환경을 위해서 심는다기보다는 몇 년 후 맛있는 과일을 얻어먹기 위해서거나, 예쁜 꽃을 얻기 위해서 심는 경우가 훨씬 더 많다. 또는 집 단장으로 집 가치를 높이기 위해서든지 아니면 줄기가 뿌리, 또는 잎에서 약재를 채취하여 소득을 얻으려는 목적이 대다수다. 참으로 자연을 위해서가 아니라 자신의 소득을 얻기 위하여 심는 것이다.

하기야 이유야 어떠하든 나무를 심는다는 것은 나도 좋고 가족도 좋고 이웃도 좋으며 국민 모두의 건강을 위해서 좋은 일이다.

우리가 나무를 심는다는 것 나무를 보호한다는 것은 결국 우리들 자신을 보호하기 위해서 심는 일이다. 우리는 우리를 위하여 심고 그렇게 심다 보니 공익적으로 좋은 환경이 만들어지니 좋고 공공적으로도 좋다.

나무 전지를 하는 것도 경영적으로 생각하면 우리를 위한 일이지 나무를 위한 일은 아니다. 나무의 병충해를 예방하거나 방지하고 영양분을 공급하는 것은 우리의 먹거리를 생산 공급하는 원천이기 때문이다.

첫째는 나무는 인간의 먹거리를 제공하는 고마운 존재다.

사과, 배, 복숭아, 자두, 감, 밤, 대추, 포도, 호두, 살구, 귤, 블루베리, 채리, 왕보리수, 매실, 오렌지, 키위 등등.

둘째는 나무는 살기 좋은 환경을 인간에게 제공해 준다.

고온에서, 저온에서, 홍수에서, 가뭄에서, 태풍에서, 지진에서, 장마에서, 도움을 받고자 하는 인간의 보호막이다.

셋째는 나무는 인간과 동물의 건강을 위한 약재를 제공해 준다.

특히 사람들의 건강을 위한 세로토닌과 피톤치드를 제공한다. 그 외 이산화탄소를 흡수하고 산소를 공급하여 호흡을 돕는다.

그리고 음이온을 공급하고, 기온을 조절하고, 좋은 향기를 제공하고, 그리고 먼지까지 흡수한다. 가장 큰 효과는 엔도르핀과 다이돌핀의 조절 물질인 세로토닌 물질을 배출한다. 그 외에도 다수의 치료 물질을 공급한다.

우리나라는 아시아 대륙의 동북 쪽에 위치하고 있어서 기후는 대륙과 대양의 영향을 크게 받고 있다. 그래서 어제오늘처럼 눈이 강원도는 1m가 넘게 오는 영향도 이런 지형 탓이라 생각한다.

여름철의 한발과 홍수 같은 이상 기온, 겨울철의 한파. 봄, 가을의 이른 서리와 늦서리의 피해까지도 지형에 많은 영향을 가진다고 봐야 할 것 같다. 우리가 옛날 초등학교부터 교과서를 통해 배우는 것까지도 지금은 환경의 변화처럼 배움의 형편도 달라져야 할 것 같다.

30~40년 전 옛날만 하더라도 사과는 경북 대구 지역 남쪽에서만 생산되었지만, 이제는 청주 사과 봉화 사과를 맛있다고 선호한다. 기후 변화의 탓이다. 식물의 병충해가 늘어나고 잡초의 종류가 많이 생산되는 것도 이와 같은 복잡한 기후 조건의 변화를 비롯하여 여러 환경 상황의 변화 때문이다.

우리 인간에게 질병의 종류가 12,420가지라고 한다. 더 많을 수도 있겠지만 더 적지는 않을 것이다. 끊임없이 새로운 질병이 발생하고 있다. 식물들의 병도 1,067가지에서 요즘은 1,100가지가 넘게 늘어났다고 한다. 해충의 종류는 1,844가지라고 했는데 이것도 늘어서 요즘은 1,900가지에 육박하였다고 한다. 선충이 약 33종 우리나라 잡초라고 불리는 약초 또한 357가지에서 이제는 370가지로 늘어났다고 한다.

이제 교통의 발달과 환경의 변화로 더 많은 병충해가 돌연변이를 일으키며 더 빠르게 더 복잡하게 늘어나고 있다. 이제는 항공으로, 선박으로 전 세계를 넘나들고 있다. 당장 코로나 19가 그렇다. 아니 조류를 통해서도 전파되는 경우가 많다. 이제는 안전한 곳이 없다.

오로지 서로의 관심과 사랑으로 대비하지 않으면 안 된다. 사랑보다 더 강한 치유제는 없을 것이니까! 누구는 길에서 인생을 배우고 누구는 어떤 아이에게 인생을 배운다고 한다. 이제는 우리가 나무로부터 인생을 배워 보면 어떨까?

자연과 사람

- 자연. 사람
- 자연의 질서
- 사람의 질서
- 자연이 하는 일
- 사람이 하는 일
- 사람도 자연의 일부다.
- 자연은 자연의 미美가 있다.
- 자연은 유기농도 없다.
- 자연은 어디나 어울린다.
- 자연에는 모두 짝이 있다.
- 자연에는 휴일이 없다.
- 자연에는 복지도 없다.

- 자연이 하는 일들은 비밀스럽다.
- 자연은 숨길 것이 없다.

- 몸에 좋은 것은 항상 자연에 있다.
- 자연도 세월은 막을 수 없다.
- 숲은 자연과 함께 있는듯하다.
- 자연이 하는 일은 쓸데없는 것이 하나도 없다.
- 자연을 사람은 자연스럽지 않게 언제나 만든다.
- 자연이 하는 일과 사람이 하는 일은 방향이 다르다.
- 자연은 자연히 깨끗해진단다.
- 사람도 스스로 깨끗해진단다.
- 그러나 사람들은 자연의 도움 없이는 삶도 불가능한 일이다.

아침 자연

- 아침이 즐겁다.
- 아침의 맑은 공기는 좋다.
- 아침의 산소가 풍부한 공기가 좋다.

- 자연의 야생적 환경에서 호흡해 보라.
- 자연에는 귀한 약 나무와 약풀들이 있다.
- 자연에는 맑고 신선한 청정한 물과 공기가 있다.

- 자연에는 식물들의 향기가 경이롭다.
- 자연의 식물들과 곤충들까지도 경이롭다.
- 자연의 경외감은 함께 나누고 싶은 감정이다.

- 자연에는 이러한 자연 치료제들이 가득하다.
- 자연에는 피로를 풀고 좋은 에너지가 가득하다.
- 자연의 아침은 우리들을 더 명석하게 하여준다.
- 자연의 아침은 우리들을 더 행복하게 만들어 준다.

- 자연에서의 명상은 우리에게 새로운 지혜로 채운다.
- 자연의 시계는 영원히 멈추지 않을 것이다.

- 자연에 대한 영적 인식이 없는 자는 뿌리 없는 식물 같다.
- 자연에 대한 영적 인식이 없는 자는 파도 없는 바다 같다.
- 세상의 어떤 상품도 자연에 있는 상품만은 못하다.

- 인간의 영성은 자연에서 초월적인 경험에서 나온다.
- 자연은 우리에게 자신을 극복하라고 늘 얘기하고 있다.
- 자연은 내 마음과 몸의 안 내자요 고마운 수호자다.

- 자연은 우리들의 몸과 마음이 배울 철학이다.
- 자연은 나무 심는 나무꾼의 스승이다.
- 자연은 나무꾼의 가장 좋은 친구다.

나무와 더불어 사는 삶

- 나무는 좋다.
- 나무는 사랑스럽다.
- 나무는 언제 만나도 반갑다.
- 나무는 어디서 만나도 반갑다.
- 나무는 언제 보아도 오랜 친구 같다.

- 나무는 밤도 낮도 없이 24시간 반긴다.
- 나무는 4계절을 사랑하고 즐기는 듯하다.
- 나무는 언제나 근면, 자조, 자주적인 삶이다
- 나무는 누구와의 일도 언제나 비밀을 보장한다.
- 나무는 언제나 누구도 마음을 열고 이야기할 수 있다.

- 나무는 자연에서 취하여 언제나 자연에 배려하는 삶이다.
- 나무는 언제나 한 권의 종교 서적 같고 재미난 동화책 같기도 하다.
- 나무는 사람도 동물들도 피곤할 때는 쉬어갈 수 있는 휴식처가 된다.

- 나무는 산행길이든 등산길이든 지치고 피곤할 때 손잡아주는 부모님 같다.
- 나무는 언제나 내가 지쳐 힘들고 괴로울 때는 가족 같고 친구 같다.
- 나무는 때론 우리가 기댈 수 있는 등받이가 되고 의자도 된다.
- 나무는 의사보다도 더 우리 마음을 편안하게 고쳐 주고 위로할 수도 있다.
- 나무는 언제나 편안한 신발 같고, 운동복 같고, 티셔츠 같은 마음이다.
- 나무가 주는 피톤치드가 있고 세로토닌이 있고 음이온과 테라펜이 있다.
- 나무가 주는 맑은 공기와 신선한 산소, 적당한 습도가 있다.
- 나무가 말없이 진리, 정직, 봉사, 나눔, 질서를 우리에게 가르친다.
- 나무는 시간이 가면 갈수록 만나고 싶고, 함께 하고 싶은 마음이 가득하다.
- 나무는 살아있을 때 이름이고, 나무가 죽으면 우리는 목재라 한다.
- 나무는 나무로서 사람과 동물에게 10,000가지 이상의 도움을 준다.
- 나무가 목재가 되면 인간들의 삶에 10,000가지 이로운 용도로 쓰인다.

- 나무와 부모의 공통점은 나무는 부모 같고, 부모는 나무 같다는 것이다.
- 나무와 숲이 편안하고, 든든하고, 좋은 점은 궁전보다 편한 오두막 같다.
- 나무는 곧게 자라는 나무가 좋다고 한다. 휘어진 나무는 멋있다고 한다.
- 나무는 시간이 흐를수록, 알면 알수록 기대고 싶고 의지하고 싶은 벗이다.
- 나무는 살아서 만 가지, 죽어서 만 가지, 수많은 용도로 사용하는 자원이다.

세계인의 성소聖所 DMZ

자연을 보라.
자연 속의 나무를 보라.
자연이 가르치는 대로 살아보라.
나무들이 알려주는 대로, 나무 삶을 보고 배우며 살아보자.
왜냐하면 나무들이 지구에 먼저 온 대선배 아닌가? 45억 년 전!
말없이 곧게 바르게 과한 욕심 부리지 말고, 나무들처럼 살아보자.
나무들이 하는 말들은 본 책에 나무 심는 나무꾼이 많이 기록해 두었다.
다 옳다는 말은 못 해도 나무의 바람이고, 나무 심는 나무꾼의 바람이다.
우리는 자연을 떠나서 살 수 없으며 나무 없이는 살지 못하지 않는가?
나무가 알려주는 대로, 나무가 사는 법대로, 살자는 이야기를 하고 싶다.

어느 생명체도 자연을 떠나서는 살 수가 없지 않은가? 자연은 사람들도 그 어떤 생명체의 삶에 대하여 별로 관심이 없다. 오직 지구에 생존하는 종의 균형이 깨어지는 것은 아니라고 생각할 수가 있다.

사람들은 이성의 힘으로 자연을 이용하고 지식의 덕분으로 자연의 덕으로 살아가고 있다. 그러나 사람들은 때로는 자연의 순리를 거역하기도 하고 거부하기도 하면서 자연을 이용하고 있다. 사람들은 비닐하우스를 만들고, 저수지를 만들어 흐르는 물을 저장하고 물길을 막아 사용하기도 한다. 사람들은 비가 오면 비를 피하기 위하여 우산도 쓰고, 집을 지어 비를 피하고, 눈을 피하고, 바람을 피하기도한다.

자연은 높은 곳에서 낮은 곳으로, 많은 곳에서 적은 곳으로, 흐르는 물과 공기를 이용하듯이 많은 지혜로 살아간다. 모두가 자연의 덕분이고 자연을 이용하면서 잘도 살아간다.

그뿐인가?

인간의 행복, 인간의 만족을 위해서는 자연을 거역하고, 자연의 순리를 저항하며 살아가기도 한다. 아니 자연을 무차별 선택적으로 파괴하고 인위적으로 자연을 조절하는 방법까지 이용하고 사용한다. 그 결과 종의 균형이 무너지고 있는 듯 하다. 그냥 무너지는 것이 아니라 심각하게 무너지고 있다. 우리가 자연주의자가 아니더라도 삶을 위해 자연을 사랑하고 자연을 보호하는 일은 꼭 해야 할 의무와 같다.

자연에 감사하자. 자연의 고마움을 알고 살아가자. 자연에 자연을 다 담지 못할 만큼 자연은 위대하다. 자연에 살아가는 종이 얼마나 될까? 모두가 어떻게 살까 궁금하다. 만일 호랑이나 사자에게 총이 있다면 사람들의 개체 수가 이리 보존될까 하는 별난 생각을 해 본다. 사람들도 중요하지만, 동물의 삶도 필요하여 하나님의 지으심이 있다는 나무 심는 나무꾼의 생각이다. 여하간 그래서 어느 철학자는 자연으로 돌아가라고 하지 않았던가? 자연의 삶은 자연의 순리적 삶이다. 자연이 자연을 망가뜨리는 것을 보았는가?

사람들이 도처에서 인간들의 생각만 할 일은 아닌듯하다. 왜 자연주의자들이 자연을 그리 애지중지하였는지 이 글을 쓰면서 조금은 이해가 간다.

세상의 그 어떤 이들도 자연을 이기지는 못할 것이다. 인간은 더욱 자연과 친해져 살아야 하고, 자연과 동고동락 정도면 몰라도 그 이상이면 안 될 일이다. 자연이 절대 용서치 않을 것이고, 영원히 사람이 자연을 이기지는 못할 것이다. 인간은 결코 자연을 지배하고 자연을 이용하기만 하고는 살 수 없는 시간이 올 것이다. 자연을 무시하고 인간들 자기만이 옳다는 생각 인간만이 지배하며 이용하겠다는 생각은 나쁜 자들다.

자연도 종교도 마찬가지다. 종교가 자연에서 자연스럽게 자연의 생각과 자연의 철학을 입은 것이다. 자기의 철학으로 자기가 숭배하는 종교만을 고집한다면 자연을 몰라도 너무 모르는 사람이라 하고 싶다. 자기가 믿는 종교만 옳다고 한다면, 그 종교는 어떤 종교이건 철학적 종교가 아니다.

왜냐하면, 인간이 지구도 다 알지 못하면서 신의 영역까지 자기 생각으로 덮는다면 이해할 수 없는 일이다. 우리가 세상에 태어날 때는 세상의 그 어떤 지식도 가지지 않고 태어났기 때문이다.

새로운 시대 새로운 역사를 쓰기도 하고 또 한편 역사를 쓰는 것이 우리의 인생이다. 그러나 잘못된 종교의 철학은 마약보다 무섭다. 전쟁도 종교 전쟁이 가장 무섭다고 하지 않는가? 종교는 역사의 문제이고 지리적 토양의 문제일 것이라는 생각이다. 그러나 철학자들이 종교 없는 철학자라면 철학이 어딘가 비어있는 듯하다. 철학이 없는 종교라면 종교 또한 정상적인 종교라고 하기는 어려울 듯하다. 천국과 지옥의 문제가 아니라 양심껏 사느냐? 비양심적으로 사느냐가 문제인 듯하다.

그 문제가 또 다른 이기적 문제를 낳을 뿐이기 때문이다. 그 이기적인 문제에 종교가 들어온다면 남은 것은 싸움뿐이다. 여하간 가장 자연스러운 자연적 공원이 지구상에 하나 있다면, 어디일까 사바나? 아니다. 나무 심는 나무꾼은 서슴지 않고 남북한이 대치하는 비무장 지대의 자연을 말하고 싶다.

세계 지구촌 여행객들이 가장 가보고 싶어 하는 DMZ. 폭이 4KM 길이가 216KM이다. 세계적인 성소聖所이고, 지구촌의 평화를 상징하는 유일한 성소이다. 세계인들이 손꼽아 기다리는 장차 세계 제1의 자연공원, 한국의 성지요 관광명소가 될 곳이다. 나무 심는 나무꾼은 비무장 지대의 나무를 자연스러운 나무라 하고 싶다. 지구상에 하나밖에 없는 사바나보다 나은 세계에서 하나뿐인 대한민국 자연공원이다.

그 자연스러운 자연공원, 성지 같은 공원은 그 누구도 손을 대거나 장비를 대거나 인간의 손을 대지 않기를 바라며 대한민국 국민이라면 진심으로 자유민주 평화의 공원으로 남기를 기도해야 할 것이다. 그 공원의 나이를 보니 나무 심는 나무꾼은 지구상에 태어나기도 전에 만들어진 자연공원이다. 그 공원의 나이가 나무 심는 나무꾼이 추정해 보니 72세의 연세로 충분히 어른 대접을 받을 만한 나이다. 전 세계인이 관광하러 올 아주 귀한 자연공원이고. 성스러운 자연공원이다.

그 공원을 사바나의 자연공원처럼 차를 타고 돌아다니면서 관광을 한다면 결코 안 될 일이다. 누구나 걸어서 멀리서 바라보기만 해도 그 가치는 충분하다는 나무 심는 나무꾼의 생각이다.

자연 보호한답시고 자연 보호주의자들이 들어가서도 안 되고, 관리하는 자들도 들어가서는 안 된다.

"그냥 그대로 두어라." 자연이 72년 관리를 하였다. 앞으로 720년 자연이 더 관리할 것이다. 그리고 7200년을 더 관리할 것이다. 다음은 72,000년을 자연이 더 잘 관리할 것이다. 38도선의 공원 관리는 자연이 맡아서 지금까지 오죽 잘해 오고 있지 왔는가? 앞으로도 잘해 나갈 것이다.

직위 고하를 막론하고 멀리서 망원경으로 둘러보면 된다. 이곳이야말로 72살 먹은 대한민국의 애국 성지다. 그곳에 가서는 누구나 절을 해도 좋고 기도를 해도 좋다. 남녀노소를 가릴 이유도 없고 종교를 가릴 이유도 없다. 조국을 위한 피가 쏟아진 땅이고, 조국을 위해 생명을 바친 자리이기 때문이다.

어느 종교도, 어느 정권도, 어느 시민단체도, 이곳을 호시탐탐 탐한다면 민족의 이름으로 처벌받을 일이다. 호국 영령들이 조국을 위해 부모 형제를 위해 피 흘리며 생명을 바친 자리다. 누가 감히 그 영혼을 함부로 밟는단 말인가? 선조들의 영혼과 육신이 고통스러운 쉼을 가지는 자리이기 때문이다. 비무장지대의 자연은 자연 그대로 영령들의 영원한 쉼터다.

나무 한 그루, 풀 한 포기도 건들지 말아야 할 자연이고 지구촌 사람들 모두가 평화를 지킨 자리를 눈으로만 보고 배울 자리다. 세계인 모두가 평화를 만든 성소를 보고 느끼고 배울 자리다. 세계인이 모두 보아야 할 성소이고, 나무이고, 풀이다. 대한민국에서 이곳보다 더 성스러운 자리가 있을까?

이참에 대한민국의 성지로 지정하자는 제안을 드린다.

말씀을 드린 이는 나무 심는 나무꾼 이종만이다.

대한민국에서 72년간 자연 그대로 잘 보존한 곳이 또 있을까 하는 성소^{聖所}이다. 나무 심는 나무꾼과 함께 호국 영령에게 이 아침 감사의 묵례^{默禮}를 하자!

사람과 식물은 공생관계다

나무 심는 나무꾼의 이야기니 그리 심각하게 생각하지 말아 주기를 바란다. 공생共生이라면 쌍방이익이 되는 상리공생相利共生도 있고, 일방적으로 한쪽에서만 이익을 구하는 편리공생片利共生도 있을 것이고, 한쪽만 피해를 입고 다른 한쪽은 아무 영향도 받지 않는 편해공생片害共生도 있을 것이다.

식물과 사람도 그렇지 않을까 싶다. "편해공생"이라면 식물에 미안한 마음도 든다. 그래도 기생하지 않는 것만도 다행이라는 생각이다. 만물의 영장이라는 사람이 그러면 안 될 것 같다. 사람이 식물 없이 지구상에 살아간다면 당장 먹거리에 문제가 있을 것이다. 그러나 사람과 식물의 공생관계로 식물의 하는 일과 그 가치는 참으로 위대한 과학이라는 생각이 든다. 식물에 미안한 마음으로만은 아니다. 우리가 살아가기 위하여서는 식물 없이는 살아갈 수 없지 않은가? 영양분의 섭취 때문만은 아니다.

그렇다면 또 더 중요한 일이 있을까? 내용을 말하자면 인터넷 사전이라도 찾아보아야 다 알 수 있을 것이다. 식물의 광합성 과정에서 생기는 부산물이 인간에게는 생명을 유지하는 산소다.

식물 또한 사람이나 동물이 호흡하는 과정에서 생기는 부산물인 이산화탄소를 식물들은 필요로 한다. 그러나 식물들이야 사람들이 내뿜는 이산화탄소가 없어도 대기 중의 이산화탄소로 충분히 살아갈 수가 있다. 그러나 사람은 식물이 생산하는 부산물인 산소가 없다면 생존이 불가능할 것이다. 그렇다면 식물은 사람이나 동물이 없어도 살 수 있지만, 식물이 없다면 사람은 생존도 보장받기는 어렵다는 이야기다.

식물은 강풍에도, 강추위에도, 강한 햇빛, 한여름의 가뭄 등에도 스스로 '무한변화'시키면서 환경에 적응한다고 한다. 변화를 조절하는 능력인 '항상성'은 인공지능 시대를 맞이하며 두려움에 떨고 있는 현대 인류가 참고할 만한 속성이 아닐까?

우리는 식물에서 포용력과 넉넉함을 배워야 한다. 그들의 뛰어난 생산능력과 생존기교를. 그들의 고독과 재활능력을. 그리고 그들의 기민성과 생활력을 배워야 한다. 식물이 지구상에 산다는 것이 인류가 존속할 수 있는 기반이 된 것이다.

우리도 언젠가는 결국 식물에게로 돌아간다. 식물의 먹이가 되고 거름이 되기도 할 것이다. 문명의 끝에서는 결국 식물만이 살아남을 것이라는 끔찍한 생각도 해본다. 식물처럼 살지 않으면 인간 또한 공룡처럼 멸종할 위기에 처할 것이다. 식물을 배우자.

급변하는 세상에서 비록 천천히 움직여도 식물처럼 적응하고 변화하여 그 항상성을 배우고 유지하자는 이야기를 하고 싶다. 채식주의자들을 보면 단백질은 없어도 살 수 있지만, 식물 없이는 살아갈 수가 없다.

그러고 보면, 산소의 중요성은 바다의 파도에 의하여 약간의 산소를 생성하지만, 식물이 없으면 산소의 부족은 자명한 사실인 듯하다. 식물이야말로 사람과 동물에 소중한 산소 공장이다. 산소를 생산하는 데는 식물의 엽록소가 절대 필요하다. 또 헤모글로빈이 제 역할을 하기 위해서는 엽록소가 반드시 있어야 한다.

식물들은 태양의 햇빛과 지구인 땅에서 물을 흡수하여 식물들의 조직을 직접 만들 수가 있지만, 사람은 자기 신체의 모든 기관의 조직을 직접 만들 수 없으니 결국 식물을 섭취해야 한다. 그만큼 식물에 의존하지 않고 생명을 유지할 수 없다. 결론은 식물 없이 하루를 살기도 힘이 든다는 이야기다.

지방과 단백질을 가진 미토콘드리아는 효소들로 이루어진 세포 내 소기관으로 세포들의 호흡에 없어서는 안 될 성분이다. 그러나 흔히 '약자'로 여겨지는 식물이 생존을 위해 다양한 상대와 벌이는 싸움의 모습을 보면 매우 생동감 넘친다면 생각을 갖지 않을 수 없다.

식물들도 적을 속이고, 이용하고, 배신하고 끝내 동맹을 통해 공생하는 등 다양한 생존 전략을 구사한다. 소나무와 호두나무의 경우, 자신의 성장을 위해 뿌리에서 나오는 물질로 주변 식물의 성장을 막는 보이지 않는 화학전을 벌이는가 하면, 해충의 습격으로부터 자신을 보호하기 위해 개미를 경호원으로 고용하는 식물들이 있다고도 한다.

식물들도 병원균의 확산을 막기 위해 식물 세포는 자폭을 최후의 수단으로 삼기도 한단다. 나무 심는 나무꾼의 결론은 식물을 귀하게 여기고 식물과 소통하고 식물의 귀중함을 알고 살아가자는 이야기를 하고 싶다.

나무가 없는 세상 우리가 어찌 살아갈 것인가?
채소가 없는 세상 어떻게 살 것인가?
풀 한 포기도 소중히 여길 줄 아는 우리가 되기를 바라는 마음이다.

나무도 길을 떠난다

 나무도 먼 길을 떠나기도 한다. 부모 마음은 사람도 동물이나 식물이나 한마음이다. 내가 못 가는 길 씨앗들이 바람에 날려 떠나는 경우도 있고, 씨앗들이 물을 타고 물을 따라 강으로 바다로 떠나기도 한다. 씨앗이나 열매들이 동물의 먹이로 변하여 떠나는 경우도 있고, 사람들에 의하여 아주 멀리 이주하여 다시 돌아올 수 없는 경우도 있다.

 아침 출근하다가 아파트 단지에 낙락장송 소나무 수십 그루가 서 있음이 새삼스럽다. 봉래산 제일봉의 낙락장송은 아니지만, 그 옛날 사육신 성삼문이 생각나는 소나무다. 나무 심는 나무꾼이 보기에는 아직도 몸살 중이다. 아직도 건강이 완쾌되지 않은 듯하다. 사시사철 푸르름을 간직하고 있는 소나무들 소나무의 굳은 절개를 빗대어 노래한 성삼문이다.

 어느 도시라고는 말하고 싶지 않지만 산에서 잘살고 있는 소나무를 도시의 길가로 데려왔다. 시골 부모님을 도시로 모셔와 먼지와 기름 냄새로 고통 겪게 하는 것과 닮아 마음이 아프다. 그 낙락장송 소나무가 스스로 오지는 않았을 터다. 가지 처진 모습이 더 처량하다. 분명 어디서 재배한 소나무도 아니고 강원도 어느 산골에서 자라다가 도시로 유배 온 나무다.

수십 년을 살다가 어느 날 갑자기 예고도 없이 정든 고향을 떠나 나무 심는 나무꾼이 사는 곳까지 왔다. 나무들이 살아가던 정든 곳에서 이주하려면 씨앗으로 이주하는 것이 가장 좋은 방법이다. 열매나 씨앗이 사람들의 호기심으로 아니면 나무를 사랑하는 마음으로 떠나는 경우는 많이 있다. 그러나 살아갈 터전에서 수십 년을 뿌리박고 미운 정 고운 정 그 환경에 적응하기가 쉽지만은 않았을 터이다. 철들기 전 어릴 때 환경적응이 쉬울 때라면 또 모를 일이다. 수십 년 정든 곳을 떠나 살기란 쉬운 일은 아니다.

  특히 우리들의 부모님들이 연세가 많아 수십 년 정들고 낯익은 곳을 떠나 도심의 자식들 집으로 가서 산다는 것은 그야말로 창살 없는 지옥에 가두어 두는 것과 다름없다. 일하기보다 더 힘들게 고통을 준다. 병원 의사님들의 말에 의하면 이러한 환경변화는 치매의 가장 큰 원인이 될 수 있다고 한다. 수목들도 다름이 없다.

  나무도 수십 년 자란 나무를 가지 자르고, 뿌리 자르고, 약 한번 바르지 않고 가지 묶고 뿌리 흙 묶어 포장도 없이 바람에 스치고 흔들리면서 어디로 가는지도 모르고 차에 실려 떠난다. 탈수의 고통은 극심하다. 가깝게는 수십 리 갈 수도 있고 때로는 수백 km를 이동할 수도 있고 바다 건너까지 가기도 한다. 기진맥진하여 거의 죽음 직전에 이르기도 한다.

  그래도 가까운 산으로 씨앗으로, 산으로 올라가는 나무들이 운이 좋으면 정상 가까이 가서 빛을 받으면서 싹이 트고 뿌리를 내리고 바위 덕분에 바람도 피하고 바위 아래 수분도 이용하고 바위 옆에서 비바람의 보호를 받으면서 바위의 사랑과 바위의 보호를 받으며 자라나는 귀한 생명을 발견하기도 한다.

다행히 운이 좋아 비가 오고 바위가 내어주는 물 한 모금씩 얻어먹으며 바위와 함께 살아가는 나무들이라면 참으로 행복할 것이다. 훗날 자라서 후손들을 많이 퍼뜨릴 수도 있고 말이다.

새삼스럽게 사람보다 바위가 더 정이 가기도 하고, 물까지 보관하여가면서 나무를 키우는 정성이야말로 눈물겹도록 고맙고, 감사하고, 사랑스럽다. 나무 심는 나무꾼이 어찌 보면 바위가 부모 같다는 생각이 든다. 특히 소나무가 그리 살아 어른 나무가 되기를 노심초사 기도하는 마음이다. 특히 소나무를 지키는 일은 숲을 지키는 일인 듯하다. 활엽수들은 그래도 나무들이 잘도 자라는데 소나무는 산을 찾아 올라가는 나무보다 산밑으로 끌려가는 소나무들이 더 많은듯하여 아쉬운 마음이다.

나무 심는 나무꾼은 소나무를 지키는 일이 한국의 문화를 지키는 감성적 활동이기도 하다는 생각이다. 소나무를 좋아한다고 산에서 소나무를 몰래 캐어 마을로 내려가려고 하지 말고, 산에서 잘 기르고 자신이 정을 준 나무들이 잘 크기를 이웃과 함께 하는 마음이기를 기원해 본다. 그래서 우리 모두가 소나무 기상을 담고 나무를 사랑하는 마음으로 지구 온난화에 대한 경고가 헛되지 않도록 하자는 이야기를 하고 싶다.

나무 심는 나무꾼은 가끔 산을 오르면 지금 산에 남은 소나무들은 그 옛이야기를 그리며 바람이 불지 않아도 스스로 울고 있는 듯하여 마음이 아프다. 지금도 사람들이 타고 다니는 차들은 일산화탄소 이산화탄소를 내뿜고 일요일마다 내다놓는 집안의 쓰레기는 산을 이룬다. 당장 1회용 용기를 쓰지 말자는 이야기를 하고 싶지만, 그 또한 여유를 두고 할 일이라는 생각이다. 무슨 일이든 갑자기 하려고 하면 탈이 많기 때문이다.

더운 지구는 나무마저 몰아내고 있다. 숲이 사라지면 문명도 함께 사라진다. 모두가 그걸 알면서 아무 일도 없다는 듯이 살아가고 있다. 위험은 우리들의 마음속에 도사리고 있다. 소나무는 우리들의 생활과 정서의 골간을 이루게 되었다. 소나무는 모든 나무의 어른이라는 본초강목의 표현 때문만은 결코 아니다. 할아버지 할머니 이야기로는 배 주린 날, 소나무 속살 송기는 밥이었다고 한다. 송기 먹은 목으로 노래하면 절로 서러워서 꺼이꺼이 숨이 막혀 우셨다고 한다.

솔잎은 우리면 차, 걸르면 술이 된다는 이야기도 있다. 솔씨는 물론 송홧가루도 떡보다는 차라리 약이었단다. 귀한 건 다 약인 터다. 뿌리는 죽은 뒤 다시 살아 복령(茯苓)이라 애초부터 귀한 약이었다. 할아버지 할머니들은 솔잎 입에 씹어 물면 6.25 고개 하나쯤은 지치지 않고 달려 넘을 수도 있으시단다.

소나무는 다 소나무인 줄 알았단다. 그러나 소나무의 종류도 수십 종이다. 금강소나무를 비롯해 43종에 이르는 소나무는 모양에 따라 대개 동북형·금강형, 중남부 평지형, 위봉형, 안강형으로 나눈다.

제일 좋다는 금강송이 일제 36년 식민지 때 일본으로 잡혀간 소나무 이야기를 찾아보고 있는 중이다.

자연, 나무를 닮다

- 자연에는 소음이 없다.
- 자연에는 공해 물질이 없다.
- 자연이란 신㈜도, 사람도 없는 곳이다.
- 자연이란 음과 양의 그대로이다.
- 자연은 자연에서 얻는다.
- 자연은 비주얼 아이콘이다.
- 자연은 가장 긍정적이다.
- 자연은 기다림의 여유가 있다.
- 자연은 맛있는 즐거움이다. 맛있는 맛의 가장 다양한 맛이다.
- 자연은 가장 아름다운 곳이다.
- 자연은 가장 긍정적인 세계다.
- 자연이란 사람들이 찾아드는 곳이다.
- 자연이란 모든 식물과 모든 동물이 사는 곳이다.
- 자연은 단순하다. 그러나 가장 복잡하다.
- 자연은 우리의 진화적 환경의 산물이라면 틀린 말이 아니다.

- 자연은 우리들을 기다리고 있는 듯하다.
- 자연의 법칙은 사람들의 운명과도 같다.
- 자연의 법칙이 음양의 법칙이고 오행의 법칙이다.
- 자연은 우리들의 눈에 보이는 것 외 보이지 않는 것이 더 귀중하다.
- 자연은 우주고 우주는 명리이고 명리는 자연이다.
- 자연을 이해한다면 인생을 이해했다고 봐야 할 것이다.
- 자연은 누구나가 값없이 자유로이 이용을 한다.
- 자연은 우리를 더욱 행복하게 하고, 우리를 더욱 명석하게 만든다.
- 자연은 이기적이지도 않고 독선적인 것도 없다.

나무를 심는 일보다 가치 있는 일이 없다. 도시의 자연도 부분적이나마 야생적이고 자연적이다. 자연의 법칙은 어떻게 정리를 해야 하는지 누구도 자연을 자연에 다 담지 못할 것이다. 환경도 자연의 법칙을 지켜야 하고 인생도 자연의 법칙을 따르는 것이다. 여하간 나무 심는 나무꾼은 나무들이 자연에서 자라고 나무들이 살아가는 일이 자연의 일 같다. 자연에서만은 대가 없이 사용할 수 있는 가공하지 않은 자연이 있다.

나무가 그렇다.

그러나 세상에 변하지 않는 진리가 있다면 세상의 모든 것이 변한다는 것이다. 태양이 스스로 빛을 낸다고 자연에 인색하다면 자연은 어떻게 될까? 답을 수가 없을 것이다.

경관景觀의 아름다움

일정 지역에서 볼 수 있는 고유의 외관에 대해서 말한다. 우리 주변의 나무, 도로, 공원, 숲, 농지, 강, 등을 자연이라 하자. 그래서 우리는 우리 주변의 자연을 자연경관이라 하지 않는가? 경관은 개개의 요소별로 보는 것이 아니고 이것들을 결합하여 일체성이 있는 외관 전체를 의미한다.

경관이란 자연 풍경과 비슷한 의미이다. 하여간 나무 심는 나무꾼이 이야기하고 싶은 자연경관은 나무와 풀과 사람과 동물들이 살아가는 모든 자연계와 그 주변 환경들을 좌지우지하는 총합적인 세계를 의미한다.

그런데 나무가 자라고, 풀이 자라고, 사람들이 생활하는 과정에 사람과 사람, 나무와 나무, 풀과 풀, 동물과 동물 사이에서는 많은 정보를 주고받으며 살아간다. 사람들은 이제 개인들이 소장하는 핸드폰과 인터넷을 통한 정보 때문에 더 많은 정보를 가진다.!

그만큼 사람과 사람, 동물과 동물의 의사소통 정보교환만 가지고 있는 게 아니고, 식물도 서로 간의 수많은 정보를 주고받을 것이다. 많은 사람이 몰라서 그렇지 나무 심는 나무꾼의 일방적인 주장만은 아니다.

나무들은 아마 무지하게 민감하고, 무시무시하고, 민첩하고, 예리하게, 감각적으로 수신하고, 송신하는 모든 활동이 아주 민감한 유기체들이라고 나무 심는 나무꾼은 이야기하고 싶다. 단지 식물들은 움직임이 미미하고 느릴 뿐이다. 나무들을 보라. 풀들을 보라. 잘리고 상처받고 환경적으로 수난을 당해도 당하는 만큼 더 부지런하고 더 열심이다. 나무들은 포기란 없다. 아니 모든 식물들이 그렇다. 나무들은 쉼도 없이 동물들보다도 더 부지런하다고 하면 틀린 말일까?

나무들은 잘리고 상처를 받으면 상처 치료에 자연적 치료법이지만 더 열정적이다. 더 강하게 새순을 돋게 하고 그 새순들은 더 강하게 돋고 자라고 빛난다. 더 싱싱하다. 더 튼튼하다. 더 빛난다. 더 윤기가 난다. 더 예쁘다. 더 멋있다. 더 사랑스럽다.

나무는 정신적으로 더 건강하다는 이야기다. 우리가 보고, 보이는 지상부만 그럴까? 나무들의 뿌리들은 더 열심이다. 그래서 나무 심는 나무꾼은 나무들이 사람들보다 더 경제적이고, 더 검소하고, 더 질서적이고, 더 윤리적이고, 더 도덕적이고, 더 사회적이라 말하고 싶다. 사회성이 좋고, 여러 문화에 자유롭다는 이야기를 하고 싶다.

나무 심는 나무꾼은 나무들이 더 경제적 동질성과 공동체로 서로서로 상생하고 시기 질투하지 않고 일하며 손익 분석도 예민하고 나무들이 누구들보다도 부지런하다는 이야기를 하고 싶다.

그뿐인가!

나무들은 환경에 순응하고, 자연에 순응한다. 사람과 동물에게도 순응적이다. 이렇게 이웃에 순응하고 도우며 살아가는 삶이다.

참으로 나무들이 사려 깊다고 하면 나무꾼이 너무 지나친 뻔뻔함이 묻어 나올까 하는 생각이다. 좌우간 나무들은 참 예민하고, 지능적이고, 열정적이고, 부지런하고 그러면서도 자연에는 다툼이 없고 순응적이다.

그러면서도 자연을 잘 활용하는 능력자들 같다는 생각이다. 나무 심는 나무꾼은 이런 생각을 해 본다. 나무들은 자연의 빅 데이터를 가지고 그것을 서로 간에 잘 활용하고 공유하며 가치를 수백 배로 높이는 듯하다는 생각이다.

그래서 나무 심는 나무꾼은 우리 이웃님들도 지금까지 살아오면서 좋은 경험과 가치를 서로 블로그로 공유하여 다음 세대에게 조금이나마 도움을 줄 수 있는 정보 공유 창을 만들면 어떨까 하는 생각이다. 이 블로그도 그런 작은 동참을 한다는 생각으로 운영하고 있다.

요즘 흔히 말하는 인공지능, 빅 데이터 같은 우리들의 생각을 공유하여 보자는 것이다. 지금까지 살아오면서 얼마나 소중한 지식을 많이 가지고 있을까 하는 생각이다. 모두가 정보이고, 정보가 모이면 빅 데이터가 될 것이다. 우리들이 블로그에 올리는 자료만도 얼마나 유익한 정보가 많은가! 나무들은 바람도 이용하고, 햇볕도 이용하고, 물도 이용하고, 온도를 이용하기도 하고, 대기 환경을 이용하기도 한다. 그뿐인가? 곤충들과 새들까지 이용하는 삶의 구조다.

미국 나사에서는 우주 정복에 나무들의 정보를 이용하고자 나무 연구에 몰입하고 있다고 한다. 미국 항공청은 나무를 이용한 테러범 색출에 나섰다는 이야기다. 미국 백스터는 거짓말 탐지기와 나무를 이용하여 범인을 잡고 나무들의 스트레스를 안다고 하지 않는가?

당장 이런 글에 댓글로 이웃님들의 생각들만 모으고 모아도 모두가 함께 4차 산업을 선두 하거나, 4차 산업 시대를 대비하는 데 공동의 도움이 되리라고 확신한다.

우리들 블로그 이웃님들의 인터넷 댓글 하나가 이웃님들의 생각과 관심 한 번의 수고 그 댓글들이 우리들의 삶의 경관이 우리 인터넷 블로그 이웃님들을 4차 산업 시대로 인도할 것이고 많은 도움이 되리라 확신한다.
나부터 댓글을 통한 정보확장에 관심을 가져야겠다.

나무의 기운

나무 심는 나무꾼이 본 나무의 기운을 이야기하고 싶다.

나무 심는 나무꾼은 생물체인 나무도 영(靈)이 있다는 생각이다.

그래서 늘 나무에 대한 애정을 표하기도 한다.

우리들이 물의 파장을 보고도 신기하게 생각하지 않는가?

물을 한 그릇 떠 놓고 칭찬을 하고 감사하는 말을 하면 물의 결정체가 빛이 나고 화려하고 반짝이지만, 물을 떠다 놓고 욕을 하거나 화를 내면 물의 결정체도 일그러지거나 불투명해지고 흐려진다고 하지 않는가?

나무를 키우면서 하나의 나무엔 칭찬하고, 하나의 나무엔 욕을 하고 저주를 한다면 결국 나무가 살지 못하고 죽음에까지 다다른다고 하지 않는가? 물이 그럴진대 생명을 가진 나무, 영양분을 먹고 물을 먹고 사는 나무들이야 오죽하겠는가?

그리고 나무들은 햇볕까지 붙잡는 능력을 갖추고 있지 않은가? 그리고 나무들은 햇볕의 에너지를 이용하기도 하고 굴절도 하지 않는가? 그리고 나무들은 햇볕의 에너지를 이용하여 대기의 이산화탄소를 걸러내는 사람들도 하지 못하는 일을 하기도 하지 않는가?

그리고 나무들은 햇볕의 에너지를 이용하여 물에서 뽑아낸 수소 및 산소를 결합해 당분까지도 만들어 내지 않는가? 나무의 능력이 얼마나 대단한가!

그리고 식물들의 줄기를 만들고 잎을 만들고 열매를 만들어 내는 능력까지도 가지고 있는 나무들이다. 그리고 나무들에 음악을 들려주기를 해보라고 권하고 싶다. 나무도 좋은 음악 소리에 춤을 춘다고 한다.

그리고 나무 아래서 기를 받아 보고 나무 아래서 기도를 하여 보아라. 나무들이 그 어떤 에너지를 당신에게 줄 것인지 참으로 궁금하다. 그리고 숲에 들어보라. 당신의 건강에 면역체계를 더 확실하게 보호할 것이다.

산을 다녀오는 산행객들에게 물어보라. 산을 다녀 나무를 만나고 나무의 아름다움 나무의 자연스러움 나무의 행복한 모습이 산행을 한 사람들에게 더 건강한 면역체계를 선물하였음을 느낄 것이다.

산을 오르기 전에 신체검사와 산을 다녀온 후에 자신의 몸에 NK세포가 얼마나 더 증가하였는지 실험이라도 해 보라고 권하고 싶다. 나무들은 당신에게 세로토닌을 선물 할 것이고, 나무들은 당신에게 피톤치드를 마시게 할 것이다. 나무들은 당신의 몸을 음이온으로 충분히 호흡하게 할 것이다. 나무들은 당신에게 편안한 마음이 되도록 보호할 것이고 나무들은 산에 온 당신들에게 평화와 고요함, 안정되는 쉼의 마음을 선물할 것이다. 나무들은 나뭇잎 사이로 적은 빛이라도 태양의 고마움과 따스함을 맛보게 할 것이다.

나무들은 미미하지만, 나무만의 자외선을 가지고 있다. 나무들은 아주 미미하지만, 나무들만의 기운을 가지고도 있다. 나무 심는 나무꾼이 나무 아래서 나무의 기운을 받는다면 믿을 텐가?

아주 쉽게 간단히 나무의 기氣를 받을 수가 있다. 여하간 나무 심는 나무꾼은 대부분의 물체도 영靈이 있다고 믿고 싶다.

사람들과 동물들의 살아 있는 세포에서 생체광자라는 빛을 내 뿜는다면 당신은 믿을 텐가? 생체 광양자라는 빛을 내 뿜는 사실을 과학자들에 의해 발견이 되었다고 한다.

사람이나 동물이나 식물이나 그 존재의 중심, 자기의 DNA 속에 자신만이 유지할 수 있는 빛의 입자량을 가지고 있음은 과학자들의 이론으로 충분하리라는 생각이다. 나무를 사랑하고 나무를 가까이하면서 나무들의 좋은 기운을 많이 받기를 기원해 본다.

나무처럼 살다가

나무처럼 아름답고 행복한 자연에 감사하며 이처럼 다듬어지기를 바란다. 인생의 출생과 죽음을 나무처럼 멋있고 재미있게 살아가는 삶이 되기를 바란다. 나무에 물으니 죽음보다 더 큰 행복도 없다고 한다. 1,000년을 사는 것이 행복이 아니고 10,000년을 산다고 더 큰 행복이 되는 것도 아니다.

우리가 즐기는 운동 게임에 시간의 정함이 없고, 점수의 승패가 없고 운동의 규정이 없다면, 무슨 재미가 있겠는가? 지루하고 의미 없는 운동이 될 것이다. 결과가 있고 유한한 끝이 있기에 즐겁고 재미있고 행·불행이 있는 것이 아니겠는가? 삶에 죽음이 없다면 참으로 지루하고 괴로울 것이다.

멋있고 행복하게 보람 있게 맛나게 살다가 성웅 이순신 장군 같지는 못할지라도 최소한 존경받는 삶이길 바란다. 가족에만이라도 존경받고 멋있는 아름다운 모습으로 남아 있기를 바란다. 장기의 기증은 사랑의 축복이고, 나눔의 행복이고 뒷모습이 아름다운 삶의 여행이 되지 않겠는가?

나무 심는 나무꾼들이 이야기하는 나무꾼들 자기가 좋아하는 한 그루 나무의 영혼으로 남는 것이 행복일 것이다. 그리고 그 나무들이 언젠가 나무꾼들의 손을 거치면 목재로 수만 가지의 용도로 행복해질 것이다.

숲의 열정

숲은 일을 하려면 나무처럼 하라고 한다.
숲은 하루도 게으른 적이 없다.
숲은 성실하고 열심이고 열정적이다.

숲은 세상에 공짜는 없다고 말하는 듯하다.
숲은 세상에 영원한 것은 없다고 한다.
숲은 영원한 비밀도 없다고 한다.

숲은 생명체들에게 베푸는 삶이다.
숲은 자신을 다 내놓은 삶이다.
숲은 대가를 요구한 적도 없다.

숲에 지도자들이 본받을 일이다.
숲은 언제나 배려 하는 삶을 살아간다.
숲은 보면 볼수록, 친근하여 좋다.

숲은 함께 할수록 신기하고 오묘하고 경이롭다.
숲은 알면 알수록 고맙고 사랑스럽고 정이 간다.
숲은 나무들은 풀들이 하는 일처럼 열심이다.

숲은 성실히 아름답게 진주보다 귀한 땀방울을 흘릴 일을 하고 싶단다.
숲은 살아서 몇백 년을 몇천 년을 자기 사명에 충실하고 성실하다.
숲은 죽어서도 수천 년을 자연의 역사와 인간의 역사와 힘께 한다.

숲은 죽어서도 목재로 수만 가지로 인간의 삶을 돕고 보살핀다.
숲은 목재가 되어 우리가 공부하는 책과, 노트, 책상과 의자, 독서대와 책장, 연필과 도화지 등등 10,000가지가 넘는 도움을 준다.
숲은 살아서는 건강에 도움을 주고, 경제에 산업에 도움을 주고,
숲은 죽어서는 목재로 수만 가지 용도로 인간들을 보살피고 돕는다.
숲의 껍질은 우리의 건강을 위한 한약재의 원료로 한몫을 한다.

이것이 나무 심는 이유이고, 나무를 사랑하는 이유이고 나무가 고마운 마음이다. 나무 심는 나무꾼은 나무 없이 못 살 것 같다. 공기가 그렇고 산소가 그렇다.

나무는 순수하다

나무는 순수하다.
나무는 지혜롭다.

개복숭아는 복숭아나무의 원종이다.
언제나 개 복숭아의 순수성을 가지고 산다.

개살구는 살구나무의 원종이다.
언제나 개살구의 순수성을 지키고 산다.

돌배는 배의 원종이다.
언제나 돌배는 맛있는 배들의 순수성을 가지고 산다.

나무와 사람의 만남은 우연이 아닌듯하다.
나무의 용도 10,000여 가지가 말해주는 듯하다.

나무와 사람의 인연은 우연은 절대 아니다.
창조주의 명령이고 나무의 삶이 인간과의 필연이다.

나무의 순수성은 나무가 욕심을 가지지 않는다는 것이고
나무의 순수성은 나무가 다른 어떤 것이 혼합되지 않음이고

나무는 순수성은 나무가 언제나 부적절하지 않다는 것이고
나무는 순수성은 나무가 자리를 옮겨 다니지 않는 것이고

나무는 순수성은 나무가 언제나 조용하다는 것이고
나무는 순수성은 나무가 자람이 공허한 것이 아니기 때문이다.

나무는 순수성은 나무가 질서적이란 것이다.
나무는 순수성은 나무가 공익적이란 것이다.

나무는 순수성은 나무가 공공적이란 것이다.
나무는 순수성은 나무가 민주적이란 것이다.

나무는 순수성은 나무가 자연주의적이란 것이다.
나무는 순수성은 나무가 남을 판단 하지 않는다는 것이다.

나무는 순수성은 나무가 남을 나무라지 않는다는 것이다.
나무는 순수성은 나무가 남의 이야기를 하지 않는다는 것이다.
나무의 순수성은 나무는 온몸으로 온몸으로 말한다는 것이다.
나무는 순수성은 나무가 남을 위해 산다는 것이다.

나무는 순수성은 나무가 남같이 살아도 남보다 나음이다.
나무는 순수성은 나무가 나무의 명칭이 나무이다.

나무의 다른 느낌

- 나무의 생명을 곰곰이 생각하면 신기할 뿐이다.
- 나무의 유전자는 동물의 유전자보다 더 신비롭다.
- 나무의 삶은 진리 같다.
- 나무는 인간들에게 대단한 충성이다.
- 나무는 늘 사람들을 이해하는 삶 같다.
- 나무는 늘 사람들을 용서하는 삶 같다.
- 나무는 늘 사람들과 다툼보다 화해이다.
- 나무는 사람들에게 잘림도, 부흥의 기회란다.
- 나무는 사람들의 어떤 박해도 감수하는 삶이다.
- 나무는 인간보다 낫다. 저주도 축복으로 바꾼다.
- 나무는 눈물 대신 위대함으로 보여주고 알린다.
- 나무는 나무의 인내가 건설보다 낫다고 한다.
- 나무는 사람보다 낫다. 나무의 기도가 힘이다.
- 나무의 기도가 자연과 환경을 살리고 회복시킨다.
- 나무의 기도가 지구를 지키고 지구를 회복시킨다.

- 나무는 자연계의 엄청난 융성과 발전의 동력 같다.
- 자연의 주인이 나무인지!
- 자연의 주인이 사람인지 헷갈린다.
- 지구의 주인이 나무인지!
- 지구의 주인이 사람인지 헷갈린다.
- 나무는 자연의 갈등을 소망으로 바꾼다.
- 나무는 자연의 절망을 희망으로 바꾼다.
- 나무는 자연의 비참함을 비전으로 바꾼다.
- 나무가 하는 일이 도무지 얼마인지 연구대상이다.

나무의 침묵

- 나무의 침묵
- 나무는 왜 침묵할까?
- 나무와 식물들의 소통은 무엇일까 궁금하다.
- 나무들이 봄을 맞으면 나무들은 무어라 얘기할까?
- 나무들이 사랑하는 사람에게 나무는 어떻게 이야기할까?
- 나무들이 미워하는 사람들이 다가오면 어떻게 반응할까 궁금하다.

- 나무들은 나무 생장점을 보면 언제나 빛이 난다.
- 나무의 생장점을 보면 언제나 신비롭고 생경하고 사랑스럽다.
- 나무들의 생장점을 보면 언제나 희망적인 듯 사랑하는 미소 같다.
- 나무도 식물도 동물도 사랑할 때는 사랑의 주파수를 보낼 것이다.
- 나무의 말 없는 미소, 미소 없는 침묵의 행복일 것 같기도 하다.
- 나무의 생장점은 한시도 쉬지 않고 에너지의 충진이다. 열심히 자란다.
- 나무는 생장점은 아침이 다르고 정오가 다르고 저녁이 다르다.
- 나무도 동물도 목적을 이루기 위해서는 많은 에너지가 필요하고 힘들다.

- 나무도 사람도 살면서 얻을 수 있는 소망은 기쁨과 행복의 승리뿐이다.
- 나무도 동물도 처음부터 승리의 월계관을 쓰고 태어나지 않는다.
- 나무도 사람도 자연과 환경의 수많은 경험과 역경을 경험하며 자라난다.
- 나무는 자연은 스스로 돕고 자립하는 것을 안다. 자연에는 공짜가 없다.
- 나무도 사람도 다음 세대를 위하여 헌신하고 봉사하고 노력한다.
- 나무도 사람도 다음 세대를 위하여 헌신하는 것은 순수함이고 순결함이다.
- 나무도 사람도 다음 세대가 잘 성장하는 것이 희망이고 보람이다.
- 나무도 사람도 출가 후 삶은 분명히 다르다.
- 나무의 삶이 동물보다 더 현명하고 더 지혜롭고 지극히 현실적이다.
- 나무의 삶이 나무꾼이 말하는 진리 같다.
- 나무의 침묵을 배울 일이다.
- 나무는 일단 출가한 자손의 환경에는 신경 쓸 수 없고 쓰지도 않는다.
- 나무는 일단 부모 품을 떠나는 순간 자식들의 환경에 대한 미련은 없다.
- 나무는 일단 부모 품을 떠나는 순간 스스로 자립하기를 바랄 뿐이다.
- 나무는 일단 부모 품을 떠나는 순간 자기의 삶을 스스로 개척한다.
- 나무는 침묵으로 명상하고 바위는 무심으로 성찰하고 있지 않는가?
- 나무는 힘들어도 참고 외로워도 참으며 혼신의 힘을 다해 살아간다.
- 나무는 더위도 추위도 고통도 참고 조용히 희망의 날을 기다린다.
- 나무는 잎이 나고 가지가 자란다고 교만하지 않는다.
- 나무는 부모 품을 떠나는 순간 남같이 살아간다. 그래도 남보다 낫다.
- 나무는 일단 부모 품을 떠나는 순간 잘 살든 못 살든 스스로의 노력과 능력에 맡길 뿐이다.

・나무는 일단 부모 품을 떠나는 순간 일단 남과 같이 살아갈 뿐이다. 마음이야 그럴까 싶다.

・나무에 앉은 새는 말은 적어도 나무에 대한 고마운 생각과 의지하는 마음은 클 것이다.

・나무는 침묵 속에서도 꿋꿋한 희망으로 가지마다 봄의 기운을 모으고 있을 것이다.

식물의 독심술讀心術

동물이 식물의 감정을 읽을 수 있을까? 나무 심는 나무꾼은 ok다. 식물이 내 생각을 읽는 게 틀림없다. 사람의 뇌파도, 식물의 파동도, 모두 똑같은 미립자로 만들어져 있다. 식물이 사람의 생각을 읽어내고 정보를 주고받는 건 지극히 당연한 일이다. 사랑받고, 칭찬받고, 축복받는 식물이 더 건강한 것을 보면….

나무의 왕성한 번식력

사람들도 동물들도 식물들도 귀중한 생명을 가지고 살아가고 있다. 사람들도 동물들도 식물들도 생명을 가진 생물인데, 식물은 단지 움직이지 못하는 고정된 삶을 살아간다. 참으로 안타깝고 아쉬운 마음이 많다. 그러나 식물들은 무한 번식도 가능하고 잎눈도 가지고, 꽃눈도 가지고 있다.

그뿐만이 아니다. 그러나 준비성은 사람들보다 식물들이 더 좋지 않은가 싶다. 나무들은 만일을 대비하여 맹아萌芽도 가지고 살며, 잠아潛芽도 가지고 살아간다. 숨겨진 나무들의 눈(새싹으로 자랄 촉이다) 눈들을 많이 가지고 살면서 가지나 줄기의 운명을 대신할 준비가 잘되어 있다. 그뿐만 아니라 나무들은 무성 번식無性繁殖도 가능하다.(식물의 영양 기관인 가지, 잎, 뿌리 등의 일부분을 모체로부터 분리하여 새로운 개체를 독립시키는 방법이다.)

또 영양이 모자라면 꽃눈을 잎눈으로 바꾸어 살아가기도 한다. 잎눈이 영양이 풍부하여 꽃눈으로 충분한 영양소를 공급할 자신이 있으면 잎눈을 꽃눈으로 바꾸기도 한다. 경제적이고 실용적이다. 잠시도 게으름을 피우거나 남의 일을 간섭할 시간적 여유가 없다. 자신의 삶에 어느 동물보다도 부지런하다.

나무들이 4계절을 살아가면서 자신에게 참으로 많은 애정과 남보다 더 나은 삶을 살기 위해 노력하는듯하다. 나무들은 덩굴 식물들처럼 남을 의지하며 살지 않는다. 남을 의지하지 않을 뿐 아니라 자신이 아닌 외적인 존재에도 의존하지 않는다. 사람이나 동물은 물론 이웃 나무에도 호감을 얻으려 하지 않는다. 그저 스스로 홀로 열심히 살아간다.

나무들은 일과 삶에 최대한 조합을 이루려고 노력한다.

사람과 동물이 불편해하는 이산화탄소를 흡수하고, 사람과 동물이 호흡하고 살기 좋은 깨끗한 산소를 제공하면서 탄소를 축적하여 인간들이 이용하기 좋은 목재를 만들고 있다. 참으로 위대하다고 하지 않을 수 없다. 참으로 나무야말로 본받을 만한 삶을 살아가고 있지 않은가? 나무는 누구도 나무라지도 않고 남을 험담도 하지 않는다.

나무들은 살아가면서 서로서로 저마다의 삶에 최선을 다하고 자기보다 더 좋은 나무들로 주변을 채운다. 양보하는 일도 하겠지만 자신보다 더 좋은 나무들이 주변에 살아감으로 사람들이 좋은 나무부터 먼저 벌목을 할 수 있다.

참으로 삶의 방식이 대단하다. 사람들도 자기보다 좋은 사람, 훌륭한 사람들로 주변을 채운다면 그만큼 자신도 지혜를 얻어 보람 있는 삶을 살아갈 수가 있을 것이다. 능력 있는 사람과 함께 한다면 유익한 정보도 얻고, 훌륭한 배움도 얻고, 일감도 얻고 상부상조가 가능할 것이다.

그러나 언제나 분수를 알고 자기의 수준에 맞는 삶이어야 한다. 「행복은 여정이지, 목적지가 아니다.」라는 프랑스의 사상가 몽테뉴Montaigne의 말이 우리에게 시사하는 바가 크다. 인간사에는 안정된 것이 하나도 없음을 알아야 한다.

기억은 상상력의 자양분이다. 그러므로 성공에 들뜨거나 역경을 맞을 때 지나치게 의기소침하지 말아야 한다. 그러나 나무들도 경쟁은 치열하다. 자신의 영역을 다른 나무에 특히 종이 다른 나무들에 절대 양보하지 않는다. 나무는 포기란 없다. 줄기가 잘리고 가지가 잘려도 삶을 포기한 적은 단 한 번도 없다. 우리가 배울 일이다.

나무가 건강하게 잘 자라는 이유는 돈 때문도 아니고 인간을 위해서도 아니다. 단지 나무 심는 나무꾼의 마음으로 나무를 생각한다면 나무들은 잘 자라야 혼인도 잘 할 수가 있다. 그렇게 높이 자라야 만들어진 많은 자손(씨앗)을 바람에 태워 멀리멀리 좋은 땅으로 번식시킬 수 있기 때문이다. 종족 번식과 영역 확대를 위한 슬기로운 삶의 모습이다.

사람들도 성인이 되면 부모와 많이 떨어져서 자립하고 자기만의 좋은 영역을 개발 발전시키는 삶을 살아야 할 것이다. 성인이 되어서 스스로 개척의 삶을 살아야지 부모에게 의지하는 일이 없어야 한다는 것이다. 나무의 삶에서 배우는 바가 많다.

나무들은 많은 예비 눈들을 가지고 있다. 잎눈들을 통하여 생명을 유지하기에는 동물들보다 그에 해당한 마땅한 대우를 받고 있는지도 모를 일이다. 하나님은 공평하신 분이시니까!!! 영하 15~20도에서도 견디어 낸 나무들의 잎눈이 봄을 맞아 새싹을 튀우고, 줄기를 키우고, 줄기가 자라 가지가 된다. 5월이면 꽃을 피우기 시작하여 나무들이 하는 일들을 보면 단 한순간도 게으르지 않다는 것이다.

나무꾼의 이야기고 싶은 요지는 나무들은 여러 가지 형태로 우리에게 큰 위로를 주고 있다는 말을 하고 싶다. 식물이라고 얕보지 말아야 할 일이고 감사해야 할 일들이다.

어찌 보면 우리들이 늘 보는 당산나무들이 참으로 성스럽고 참으로 든든하고 참으로 위엄도 있고 수많은 비밀을 언제나 혼자서 새기며 살아가는 모습에 더 위대한 나무 같고 더 성스럽고 더 아름답고 더 위엄있게 바로 우리 곁에 있다.

나무는 성장하는 과정에서 광합성 작용이라는 호흡을 통해서 공기 중의 온실가스인 이산화탄소를 흡수하여 포도당을 생성하여 나무의 골격이 되는 셀룰로오스 등으로 목재를 만들어 자기 몸속에 온실가스를 고정시킨다. 이처럼 화석연료와 다르게 재생산 가능한 환경친화적인 자원이 나무라고 하는 것이다.

그래서 UN조차도 나무의 체적을 나무의 목질로만 보는 것이 아니라 나무 체적을 탄소의 양으로 보고 인정하는 것이다. 나무는 나무의 아름다움과 숭고한 위대함, 화려함을 위해 추운 겨울의 영하 기온에서 얼어붙은 기온을 감내하고 자연 융합의 최고의 기술과 능력과 사랑과 지혜를 가지고 있는듯하다. 사람들은 나무에서 일어나는 살 떨리는 삶의 현장들을 정확하게 인정해야 한다.

나무에게 배우자. 호감을 얻기보다는 자신의 호감을 탐하게 하고, 주변의 도움보다는 스스로 성실히 노력하는 모습으로 일하고, 최대한의 자기 삶과 자기 일을 멋지게 이루고자 끊임없이 노력하는 모습을…. 돈 때문에 하는 일이 아니면 돈은 돌 같이 생각하고 주변을 좋은 이웃으로 채우고, 자기가 남보다 더 좋은 이웃이 되도록 노력하면서 자기의 임무를 포기하지 않고 완수하는 삶을….

제 4 장

인간의 예술은
자연에서 배우고
나무에서 열매를 맺는다

나무와 목재

나무는 살아 있다. 목재는 나무가 생명을 잃은 것이다. 그러나 나무가 생명을 잃었어도 목재로 다시 태어나 10,000가지 이상의 생활도구나 생활환경으로 우리를 돕고 있다. 살아서 1만 가지, 죽어서 1만 가지, 나무꾼이 모르는 3만 가지 모두 오만 가지로 돕는 듯하다.

나무들이 움직이지 못하며 살아가는 방법은 환경의 변화에 끊임없이 적응해 왔기 때문이다. 환경에 적응한다는 것은 생물이 서식환경에 보다 더 유리하도록 변화하는 과정이다. 많은 사람은 지능을 욕심만큼 움직여서 환경을 이용하며 잘도 살아간다. 그러나 움직이지도 못하고 환경적 사물을 이용하지도 못하는 나무들은 다르다.

여하간 사람이나 동물이나 식물이나 생존에 가장 중요한 요소는 에너지가 필요하다는 것이다. 특히 나무와 같은 식물들은 생명체들의 유일한 에너지가 태양의 빛이다. 나무들은 광합성을 통하여 빛 에너지를 얼마나 어떻게 효율적으로 사용하느냐에 따라 다를 것이다. 남을 의지하지 않고 남의 도움 없이 태양의 빛으로 에너지를 얻고 물을 흡수하며 살아가는 나무들의 삶. 식물들의 삶을 사람들이 더 연구하고 배울 일이다.

나무들이 살아 남을 수 있는 방법이란?

첫째 인간들에 도움을 많이 준다는 것이다. 도움을 받는 사람이 도움을 외면하기 전까지는 나무들을 배신하지 않기 때문이다. 특히 매년 경제적 이익과 생활의 풍요로움을 주는 과일나무들이 그 하나의 예다.

둘째 나무들은 자연으로부터의 경험적인 삶을 누린다는 것이다. 나무들은 최소한 사람보다, 동물들보다 35억 년 이상을 먼저 지구싱에 나타나 DNA 자체가 훨씬 많고 경험도 많고, 축적된 데이터도 많을 것이다. 100년을 사는 인간들보다 1000년을 살고 2000년 이상을 살아가는 나무들이 더 많은 삶의 데이터를 더 많이 가지고 있는 것은 누구도 어쩔 수 없는 현실이다. 100년의 데이터보다는 1,000년 이상 10,000년 가까이 살아가는 나무들의 데이터가 많은 것은 나무들이 인간보다 한 수 위라는 생각이다.

셋째 나무는 뿌리로 흡수하는 물과, 하늘의 태양이란 햇빛에 의한 광합성으로 식食으로 탄소 동화작용을 하면서 필요한 에너지를 해결하고 4계절을 계절에 따라 옷을 바꿔 입는 여유와 멋까지 부릴 줄 안다. 껍질의 영양으로 영양의 풍요함과 어차피 움직이지 못하므로 나무들은 사람들의 제일 큰 걱정인 집 걱정도 할 이유가 없다.

넷째 나무의 여유로움입니다. 나무는 집 걱정을 할 필요가 없다는 것이다. 나무들은 집 걱정을 초탈하여 모든 생명체와 함께 여유롭고 자연스러운 생활을 누린다.

다섯째 나무들은 에너지의 문제부터도 이웃과 경쟁할 이유가 없다는 것이다. 한없이 수십억 년을 이용해도 줄지 않고 풍부한 태양 에너지 덕분이다.

여섯째 공생할 줄 아는 나무의 운명을 보고 있노라면 마음이 마냥 푸근해진다. 에너지를 얻는데도 경쟁할 별도의 이유도 노력할 이유가 없다는 일이다. 자연의 넉넉함을 나무들은 모두 이용한다는 일이다.

일곱째 나무는 수많은 씨앗으로 다음 세대를 잉태하고 생산하여도 자식을 위해 사람들처럼 경제적 걱정도, 비용도 사용하지 않기 때문이다. 그저 열심히 살아가는 모습을 보여줄 뿐이다. 다음 세대가 태어나면 어디서 어떻게 살든지, 죽든지 자기의 몫일 뿐이다. 태어난 씨앗들도 스스로 떨어진 자리를 억울하게 생각하는 씨앗은 없다는 것이다. 오히려 그 자리가 감사할 뿐이다. 자연의 환경에 잘 적응하기를 기도할 뿐이다.

여덟째 남과 비교하지 않는다는 것이다. 스스로 자기만의 세계를 만들어가며 열심히 살아갈 뿐이다. 자기만의 세계를 몸소 시현하면서 남보다 더 멋있고 남보다 더 행복하게 남보다 더 희망적인 삶을 살아가는 것이다. 남보다 다른 삶을, 남보다 더 행복하게 여기는 자연의 이치인 줄도 모르겠다. 나무 심는 나무꾼의 생각이다. 사람들이 나무를 심고 가꾸지만, 사람들이 자기 자신의 이익을 얻기 위함이며 나무에 배울 일들은 참으로 많은 듯하다.

하여간 지구상의 모든 생명체가 선택할 수 없는 단 한 가지가 있다면 자연의 자연스러운 탄생의 신비를 식물은 움직이질 못하는 숙명을 지닌 채 태어났지만 억울해하거나, 원망하지 않고 자신의 위치에서 스스로 의식주를 해결해 나가는 식물은 사람이 사는 삶의 길잡이가 되는 것이다. 나무 심는 나무꾼이 생각하는 나무꾼의 생각인지도 모르겠다.

숲을 사랑하는 삶

숲은 지금도 미래도 지구상의 생명체에게는 희망적이다. 그 숲은 우리 할아버지 할머니와 함께 살아온 역사다. 그 숲은 우리 아버지 어머니와 함께 살아온 친구요, 이웃이다. 그 숲은 우리 형님들과 누나들 그리고 나와도 함께한 거목들이다. 그 숲을 좋아하고 그 숲을 그리워하며 그 숲을 사랑하지 않을 수 없다.

- 그 숲에서 인생을 배우고 살아가는 법을 배우며 친구가 되기도 한다.
- 그 숲은 나보다 나이가 많다. 그래서 늘 어른같이 대하며 살아왔다.
- 그 숲은 단 한 번도 내 편이 아닌 적이 없고 그 숲은 정말 믿음직하다.
- 그 숲은 내가 싫어하는 일이 없어 나무랄 데가 없는 나무다.
- 그 숲은 할아버지 할머니 아버지 어머니 나무꾼의 모든 것까지 비밀이다.
- 그 숲은 그럴 것이 나무는 말이 없단다. 비밀을 말하려면 나무에 말하라.
- 그 숲은 그뿐만이 모든 사람의 삶에 위안이고 행복이다.
- 그 숲은 그린닥터이고, 오감을 알고, 질병을 고쳐 주는 고마운 숲이다.
- 그 숲은 우리에게 평온한 삶을 살게 하고 육체적 건강을 지켜 준다.
- 그 숲은 우리에게 안식과 함께 심리적인 위안과 정신적 건강까지 준다.

- 그 숲은 명상하게 한다.
- 그 숲은 기도하는 법을 알게 한다.
- 그 숲은 이웃과 말하는 법을 알려 준다.
- 그 숲은 우리만이 아니라 새들도 품는 숲이다.
- 그 숲은 그러면서 사람들의 일상을 위해 바쁘단다.
- 그 숲이 대기의 수분을 조절하고
- 그 숲이 대기의 온도를 조절하고
- 그 숲이 미세 먼지를 제거하고
- 그 숲이 여름 홍수를 대비하고
- 그 숲이 산소를 조절하고
- 그 숲이 공기와 향기까지 준다.

- 그 숲이 강한 바람을 잠재운다.
- 그 숲이 사계절을 준비한다.
- 그 숲은 그리도 바쁘면서 말 한마디가 없다.
- 그 숲은 여여하다. (있는 그대로다.)
- 그 숲은 하루도 기도를 게을리하는 일이 없다.
- 그 숲이 지금도 보고 싶고 그립다.
- 그 숲은 보아도 안 본 듯 자기 할 일만 한다.

나무를 닮아보자

우리가 모두 나무를 닮아 보자는 이야기를 하고 싶다. 우리가 모두 나무처럼 살아 보자는 이야기하고 싶다. 살아 있는 나무와 생명이 없는 목재를 보면서 나무가 하는 일과 나무가 도움을 주는 일을 보면서 우리가 모두 나무처럼 살자고 하고 싶다.

- 나무는 세상에 공짜가 없다고 한다.
- 나무는 세상에 영원한 것은 하나도 없다고 한다.
- 나무는 게으른 자, 일하지 않는 자는 먹지도 말라고 하더란다.
- 나무는 인간이 받는 가장 행복하고 가장 부유한 복지란다.
- 나무는 나무와 사람이 서로 사랑이고 서로 헌신이란다.
- 나무는 지구상에 존재하는 가장 큰 탄소의 저장 창고이다.
- 나무와는 진료비가 무료이고 나무는 약값이 필요 없단다.
- 나무는 예방의학의 선두이고, 대가 없는 사랑의 의사다.

지구의 인구 1인당 약 420여 그루의 나무를 가지고 사는 셈이란다. 이 혜택은 할아버지 할머니 아버지 어머니들의 손길이 남긴 수고의 대가다.

생활하기도 힘든 시절 후손들을 위한 식목은 눈물겹도록 감사한 일이다.

나는 몇 주의 나무를 심었는지? 우리 가족은 몇 주의 나무를 심었는지? 우리는 다음 세대를 위해 몇 주의 나무를 심을 것인지 생각하고 계획해보자. 내가 조상들에게 받은 혜택 중 몇 퍼센트나 나도 이행하고 있는지 생각할 일이다.

오늘의 치산치수 1960~1970년대 어려운 살림에도 수고비용도 없이 심은 나무들이다. 여하간 그래서 우리가 모두 필요한 나무를 사랑하고 나무를 많이 심자는 이야기다. 나무 심는 나무꾼이 나무 이야기를 쓰는 이유이고 사명이고 나무를 심자는 이야기다.

그 숲을 산행하고 등산하는 이들에게 나무들은 물을 달라 영양분을 달라는 이야기를 단 한 번도 누구에게도 구걸한 적이 없다. 나무가 우리에게 주는 또 한 가지는 몸과 마음과 철학의 일부분이다. 나무들과 함께 하는 시간에 자연스럽게 우리들의 마음을 챙기게 된다.

나무들과 함께 숲속에 있으면 모든 감각기관이 열리고 여유가 생긴다. 그러고 보면 사람들의 생리적 기능은 여전히 자연에 맞추어 저 있는 것 같다.

숲에 들면 좋은 이유

나무 심는 나무꾼의 생각이다. 숲에 들면 나무들이 사람들의 마음을 편안하게 한다. 왜일까?

1. 나무들의 색깔이 단순하다. 머리와 눈의 피로가 없는 단색이다. 어디를 보아도 녹색뿐이다.
2. 누구의 간섭도 없는 숲속의 장소이고, 사회의 무질서보다는 숲속의 자연스러운 질서가 좋다.
3. 나무와 숲은 우리가 무슨 행동을 해도 화를 내지도 않고 우리 행동을 나무라지 않는다.
4. 공기가 나뭇잎들의 수고로 맑고 깨끗해서 좋다. 풍부한 산소를 나무들이 공급하는 장소이다.
5. 대기의 공중 습도를 나무가 조절하기 때문에 건강하게 기분 좋게 호흡하기에는 최적의 환경이 된다.
6. 나무들이 좋은 물질을 주기 때문이다.(깨끗한 산소, 맑은 공기, 피톤치드, 테르펜 등등)

7. 어떤 누구도 간섭하는 이도 없고, 강요하는 이도 없다. 나무까지도 우리를 나무라지 않는다.

8. 목표와 시간을 정한 등산보다는 여유 있는 산행을 하는 걷는 시간은 참 여유로운 시간이다.

9. 우리들의 생활 터전을 벗어나 숲속을 걷는 일은 스트레스를 주지도 받지도 않는 환경이다.

10. 사람들의 지식으로 나무들의 능력을 가늠하지 못하며 나무에 값없이 기대하는 마음 때문이다.

11. 인간들의 건강을 위하여 숲을 찾는 것은 자연이 스스로 치유하는 능력이 있음을 알기 때문이다.

12. 사람들은 숲으로 가까이 오면서 벌써 세상의 잡념을 다 비운 상태이기 때문에 행복하다.

13. 많은 사람이 자신도 모르는 사이에 나무들과 우거진 숲들에 대한 감사한 마음이다.

14. 사람들은 숲속으로 드는 순간 남의 간섭과 사회적, 도덕적, 양심적, 질서에서 해방이 되었기 때문이다.

15. 사람들은 누구나 자연에 대한 믿음과 신뢰 감사와 자연에 대한 희망이 크기 때문이다.

16. 사람들도 동물들도 언제나 와서 나무들을 만나 보아도 나무들의 생김새가 지루하지 않다.

17. 사람도 동물도 자기가 머리가 아닌 몸으로 나무들이 모인 숲의 자정 능력을 느끼기 때문이다.

18. 산 깊은 산속일수록 나무들도 사람들도 동물들도 새들까지 모든 행동이 자율적이다.

19. 많은 사람은 나무들에 무엇인가 많은 것을 얻어 가고 건강해지고 배우고 간다는 생각이다.

20. 상록수도 낙엽수도 나무들의 종류마다 주는 氣는 말없이 느끼는 생명의 가치와 존엄성이다.

21. 나무들의 고마움 숲의 가치가 인간들의 건강을 회복시키며 삶의 질이 높아지기 때문이다.

22. 나무들이 날이 갈수록 풍성한 숲이 미래 세대들까지 사람들의 휴양처이기 때문이다.

23. 숲이 풍성하고 다양한 것은 어린 묘목부터 나이 많은 나무까지 사람들을 치유하여 주기 때문이다.

24. 나무들은 사람들과 동물들에게는 행복한 삶의 터전이고 미래의 가치와 희망이 있기 때문이다.

25. 나무들이 자라고 나무들이 많은 숲이 미래 세대들에 백년대계의 희망이 되기 때문이다.

26. 어느 나라이건 나무들이 풍성하고 숲이 울창한 나라가 문명국이 되어가기 때문이다.

27. 모든 지구상의 나라들이 자연을 통한 숲 교육으로 자연의 감사와 자연의 지식을 배우기 때문이다.

28. 나무들은 살아서 수천 년 숲이 풍성함은 좋은 목재 공급으로 삶의 희망이 있기 때문이다.

29. 우리나라 좋은 나라는 치산치수를 성공시킨 건강한 숲의 나라로 만든 대통령이 있었기 때문이다.

30. 우리나라가 좋은 문명의 나라로 된 기틀이 바로 치산치수를 잘한 지도자가 있었기 때문이다.

31. 산림이 곧 미래 세대에게 공짜 문화가 아닌 현실적으로 착하고 진실한 미래복지이기 때문이다.

32. 하나님께서 이 세상을 만드시고 지으신 자연과 생물 가운데 사람과 가장 가까운 것이 나무이다.

33. 숲은 인간의 기술이나 과학으로 비용을 들이고도 조절 못 하는 대기 온도를 큰 온도 차 없이 조절한다.

34. 나무는 인간들의 역사를 나무로 그리고 수천 년 후에는 목재를 통하여 간직하고 있다.

35. 지구에서 생명이 가장 긴 생명체는 사람도 동물도 아니고 식물 중에서도 목본인 나무들이다.

36. 인간의 예술은 자연에서 배우고 나무에서 열매를 맺는다.

37. 나무는 살아 있는 한 권의 성서 같다면 나무가 목재로 생명을 잃어도 성서 이상의 존재다.

38. 나무는 살아서 10,000가지로 사람들을 돕고 죽어서는 목재로 10,000가지가 넘는 용도이다.

39. 사람들은 특히 나무의 고마움 목재의 고마움을 다시 생각하는 기회가 되기를 바란다.

40. 나무 심는 나무꾼은 나무들이 하지 못하는 나무의 입, 나무의 목소리가 되고자 노력하는 마음이다.

주택지의 나무들

1. 법적으로 규정하는 나무들 수량은 꼭 존치할 일이다.
2. 법적인 수량 보다 나무의 수량이 많을수록 좋다.
3. 주택지에서는 여름엔 그늘, 겨울은 햇볕으로 낙엽수가 좋다.
4. 주택지는 향기로운 나무들이 많으면 일반적으로 좋다.
5. 주택지는 꽃이 피는 나무들이 미적, 환경적으로 좋다
6. 주택지는 향기롭고 방부효과가 좋은 나무들이 좋다.
7. 나무는 많을수록 좋다. 미세먼지 제거, 차량 메면 이산화탄소 흡수
8. 나무는 많을수록 좋다. 산소 공급, 녹색효과, 심미적 안정
9. 나무들이 많을수록 좋다. 음이온의 공급 효과 대기의 질.
10. 나무가 차량과 보행에 지장이 없다면 많을수록 좋다.
11. 주거지가 나무로 인하여 너무 어둡다면 필요한 만큼 전지를 한다.
12. 나무가 많으면 대기의 습도를 충분히 공급해 준다.
13. 나무가 주민 건강에 도움이 되지 나쁜 영향을 주는 일은 거의 없다.
14. 주택 외곽 쪽의 나무들은 소음을 줄이는 방음효과가 좋다.
15. 주택 외곽 쪽의 나무들은 차량 배기가스를 많이 정화한다.

16. 나무들이 집단생활의 프라이버시를 많이 향상한다.
17. 환경적으로 가치적으로 나무가 적은 것보다 많은 이점이 더 많다.
18. 나무들이 여름에는 직사광선을 차단하여 고맙다.
19. 나무들의 겨울 상록수들의 녹색은 심리적 안정감을 준다.
20. 나무를 적당히 키우고 싶다면 2년마다 전지를 하는 것도 방법이다.
21. 전지는 나무들의 T/R(뿌리의 비율, 가지 줄기잎의 비율 조절이다.
22. 나무도 병균과 곤충의 피해로 자유롭지 못하다. 약재 살포도 필요하다.
23. 나무도 (식물도) 영양제를 먹을 일이다. (N, P, K 질소, 인산, 카리)
24. 나무들도 겨울에는 추위에 약한 나무는 월동 준비가 필요하다.
25. 나무가 피해를 주는 경우는 하수관로를 뿌리나 잎으로 막는 경우다.
26. 나무들의 잎들이 미끄러움으로 도보에 넘어질 위험도 있다.
27. 가을 낙엽은 미리미리 쓸어서 안전사고에 대비할 일이다.
28. 가을 낙엽은 화단의 겨울 보온용으로도 좋다.
29. 아파트의 조경수를 너무 강한 전지로 미관을 해치는 일도 있다.
30. 공동주택의 녹지는 공공적 공익적 기능도 한다.
31. 나무도 생명체임을 명심해야 한다. 조경회사의 전문 조언이 필요하다.

탄소 저감 기능

　나무를 심는 마음, 미래는 그런 사람의 나라가 될 것이다. 나무를 많이 심는 자가 나라를 사랑하는 애국자라 할 것이다. 나무는 탄소의 저장고다. 나무는 탄소 덩어리다. 나무는 산소 공장이다. 탄소의 저장고는 나무 심는 우리들의 마음의 창고다. 탄소동화작용으로 살아가는 나무는 탄소 덩어리라 할 수 있다.

　이산화탄소를 흡수하고 산소를 대기에 내어놓는 나무는 그 자체로 사랑이다. 이 탄소 덩어리가 살아서도 우리 곁에 없어서는 안 될 나무들이다. 그 나무들은 산소를 내어놓고 우리는 그 산소로 살아간다. 산소는 우리의 생명이다. 나무는 생명을 살리는 산소 공장이다. 나무가 죽어 목재가 되어서도 우리 곁에 없어서는 안 될 소중한 자산이다. 나무는 생명이 있는 한 쉬지 않고 탄소동화작용을 할 것이다.

　우리는 나무를 더 심고 더 아끼고 사랑해야 한다. 30년 넘은 나무는 탄소 흡수율이 떨어진다는 핑계로 산림청에서는 벌목한다. 이해가 되지 않는다. 나무마다 적령기가 달라도 최소 100년~ 500년 이상은 살아 있다고 한다. 지구상에서 가장 나이 많은 나무가 9,900살이 넘은 나무가 있지 않은가?

나무 심는 나무꾼이 초등학교 시절 들은 이야기로 시골 마을 앞 정자나무는 200년이 넘었다고 한다. 앞으로도 300년은 더 살 것이라고 말한다. 자연도 나무들도 사람들의 관심이 필요하다. 우리가 나무를 심어 놓고 비료 한번 준 적이 있는가? 누구보다 관심을 가져야 할 선각자들이 4월 5일 식목일을 모른다.

요즘은 정치권조차 관심도 이해도 없다. 국가를 위해 국민을 위해 나무 한 주 심지 않고 국민을 위하고 봉사하고 사랑한다고 말할 수 있을까? 그러면서도 탄소 배출권 타령이다. 나무를 심지 않는 사람은 나무 그늘에서 휴식할 자격도 없다. 공익적인 일을 말하는 정치 집단이든 종교 집단이라면 단 한 그루의 나무라도 더 심자는 이야기를 하고 싶다. 하물며 다른 부처도 아닌 산림청에서 탄소 저감 기능이 떨어진다는 엉터리 주장으로 벌목을 일삼는 것은 큰 잘못이다.

오래된 숲의 탄소 저감 기능이 둔화한다는 건 과학적으로 입증된 바 없다. 오히려 나이 든 나무가 더 많은 탄소를 왕성하게 저장한다는 최근 국내외 연구 결과가 있다. 2008년 과학 학술지 네이처는 숲은 800년이 지나도 탄소 흡수원으로 기능할 수 있다는 연구 결과다. 숲의 탄소 축적량은 30년 무렵 주춤하다 100년이 넘어가면 가파르게 증가한다는 내용도 포함됐다. 탄소는 대기 중에 이산화탄소 형태로 존재하며, 금속염의 형태로 지각에 존재하기도 한다.

탄소는 생명체 외의 물질 중 화석연료에도 포함되어 있어 우리의 삶을 구성하는 기본 원소라고 할 수 있다. 고대로부터 탄소는 숯(목탄)의 형태로 많이 사용되었으며, 기본적인 연료 외에 철 등의 금속 제련 용도로도 사용되었다.

탄소의 동소체인 흑연과 다이아몬드 역시 오래전부터 필기도구나 그림 도구로, 다이아몬드는 장식용 보석으로 사용되었다.

1772년 라부아지에(A. Lavoisier)는 같은 양의 숯과 다이아몬드를 따로 연소시키면, 각각 같은 양의 이산화탄소를 발생시킨다는 사실을 바탕으로 숯과 다이아몬드가 화학적으로 같은 원소임을 밝혔다.(인터넷 참조) 오늘은 매일경제 신문 1면 "탄소 중립 정책 급발진…. 기업들 패닉" 이란 제목의 글을 읽고(2021.09.06.) 심술 같은 마음이 되어 몇 자 적어 본다.

탄소 중립이란 기업이나 사회가 이산화탄소를 발생한 만큼 배출한 이산화탄소를 흡수해 실질 이산화 배출량을 "0"으로 만들자는 것이다. 나무를 많이 심는 일이 더 나라를 사랑하고 국민을 위하는 국가적 이익이 될 것 같다. 나무를 심을 곳은 공공장소도 아직 너무 많다. (예 :가로수, 도로 옆 경사지, 빈약한 산림, 경작하지 않는 땅 등)

네이처는 2014년에도 대부분 종種의 나무가 늙을수록 더 빨리 성장하고, 부피를 키우면서 더 많은 탄소를 조직 안에 저장한다는 논문을 게재했다. 당시 연구자들은 6개 대륙에 걸쳐 403종 67만 3,046그루를 분석했는데, 나무의 키는 어느 정도 성장하고 나면 더 자라지 않는다고 한다. 줄기나 가지 등을 합친 나무의 체적體積은 나이가 들수록 더 빠른 속도로 증가한다는 사실을 발견했다. 나무는 광합성을 통해 대기 중 이산화탄소를 흡수한다. 잎은 햇빛을 받으면 뿌리로 흡수한 물과, 공기 중 이산화탄소의 탄소를 이용해 양분을 합성하고 산소를 배출한다. 이용하고 남은 탄소는 배출되거나 나무의 몸체를 이루는 줄기, 가지·뿌리 등에 축적된다.

나무가 나이가 들어 체적이 커질수록 더 많은 탄소를 잡아둘 수 있다는 얘기다. 네이처 연구에 따르면 아주 큰 나무 한 그루는 숲에 있는 모든 중간 크기 나무를 다 합친 만큼 이산화탄소를 잡아두기도 한다.(인터넷 자료" 산림은 후손에게 물려줄 유산)

산림은 후손에게 물려줄 유산

　대한민국의 고속도로는 대략 5,000km가 된다고 한다. 대한민국의 고속도로는 박정희 대통령 시절 첫 삽을 시작한 후 50년 만에 37개소 노선의 고속도로가 만들어지고. 하루에 고속도로를 이용하는 차들이 4,200,000대가 넘는다고 한다. 그야말로 고속도로의 시대가 열린 셈이다.

　50년 전 첫 삽을 뜰 때는 참으로 웃지 않고는 못 버틸 이야기도 많았다. 그 고속도로는 1km 건설에 1억이 든 셈이라고 한다. 경부고속도로 429km 건설비 429억 원이 든 셈입니다. 여하간 이제는 고속도로의 시대이고 그래서 고속도로를 이용하여 빠르고 신속하게 목적지로 갈 수 있는 세상이 되었다.

　서독의 아우토반이 독일 부흥의 상징이라면, 대한민국의 고속도로는 한국경제 부흥의 상징이다. 서독 정부가 보내 준 루프트한자 여객기를 타야 했던 '아시아의 빈국' 대한민국의 대통령이 꿈꾸던 고속도로는 박정희 대통령께서 서독을 다녀온 그로부터 4년 뒤 현실이 되었다. 1968년 12월 한국 최초의 고속도로인 경인고속도로가 완공되었다. 그날의 기억이 아직도 감개무량하다. 1964년 말 서독을 방문한 박정희 전 대통령이 속도 무제한의 아우토반을 보고 경부고속도로 건설을 결심했다는 건 널리 알려진 얘기다.

그 후 49년이 지난 현재 대한민국 고속도로는 총 37개 노선에 걸쳐 모두 4천695km에 이를 만큼 성장했다. 고속도로 길이가 지구 둘레의 약 8분의 1에 가깝고, 서울에서 직선으로 인도 뉴델리까지 뻗칠 만큼 길다고 한다. 고속도로를 이용하는 차만 한 해 1,500,000,000대로 우리 국민이 이동하는 데 가장 중요한 동맥이 되었다.

한국도로공사 관계자는 "2025년 이후에도 20개가 넘는 새 고속도로를 건설할 계획"이라면서 "전 국토를 거미줄처럼 연결해 어디서나 한나절이면 닿을 수 있는 시대가 곧 열리게 됐다."라고 말했다. 특히 경부고속도로는 단군 이래 최대 국가사업이라고 할 정도로 많은 사람의 희생과 눈물이 배어 있다. 경부고속도로 건설에는 연인원 8,930,000 만 명, 장비 1,600,000 여 만 대가 투입됐다고 한다.

밤과 낮, 여름과 겨울을 가리지 않은 건설 현장에서 크고 작은 사고가 난 것은 당시 우리나라 토목건설 인프라를 고려했을 때 어쩌면 당연한 일이었을지도 모르는 이야기다. 서울과 부산을 잇는 경부고속도로가 415.4km로 가장 길고, 2009년 개통한 오산~화성 민자 고속도로가 2.5km로 가장 짧다. 지난해 고속도로를 이용한 차는 15억 4천여 대로 하루 4,200,000 만 대 꼴이다.(상기 내용은 인터넷을 대부분 인용한 것임) 이제 앞으로는 더 혁명적인 기술과 자원의 재활용으로 고속도로가 만들어질 것을 기대하여도 좋을듯하다.

재활용 플라스틱을 이용한 한국의 고속도로를 생각해 본다. 일요일마다 아파트 쓰레기장에는 플라스틱 쓰레기가 작은 동산을 이룬다. 1마일 즉 1.6km를 7cm 내외 재포장을 한다면 약 150,000,000개의 플라스틱병이 사용된다.

플라스틱을 아스팔트와 혼용하는 기술이 개발되어 재활용한다면 그 표면층의 내구성이 좋아 기존 아스팔트보다 더 오래 사용할 수 있다고 하니 정말 기쁜 소식이다. 우리가 일주일 사용한 많은 소재를 분리수거만 잘하여도 브라질의 원목이 많이 살아남을 것이고 나무들의 환경도 더욱 좋아지리라는 생각이 든다.

나무들만 덕을 보는 것이 아니라 나무들이 그리 살아남음으로써 우리들이 호흡하는 산소의 공급도 넉넉해지고 그만큼 산소의 질도 좋아지고 풍부하게 사용할 수 있다는 점에서 과히 박수를 받고도 남을 일이다.

우리나라 도로는 참으로 경제적이다. 고속도로를 설계할 때부터 고속도로의 커브와 높고 낮음을 고려하여 설계한다. 그 설계를 기준으로 차량의 속도를 지정한다. 그 설계에 맞게 달리면 안전 운전을 할 수 있다. 우리나라 고속도로는 제한속도가 설계속도보다 약 10~20km/h 낮게 규정되어 있다. 그래서 규정 속도로 달린다는 것은 곧 안전 운전이 가능한 속도이고 사고를 방지할 수 있는 규정이다. 고속도로의 규정 속도에 맞추어 크루저 운전에 세팅을 해두면 참으로 여유 있는 운전을 할 수 있은 행복 운전이다.

그러나 태양광이 발달 되었다고 하지만, 아직도 밤이 되면 고속도로는 수십 개의 작은 불빛으로 바뀌기도 한다. 지나가는 자동차의 헤드라이트가 마치 반딧불이처럼 반짝거리기도 한다. 다행히 중앙분리대의 나무들이 마주 오는 자동차의 라이트 빛을 막아주어 다행이다. 아니면 중앙분리대의 빛 가리개로 인한 안전 운전을 돕기도 한다. 가끔 모두가 잠든 새벽에 멀리서 느릿느릿 움직이는 불빛들을 조용히 보노라면 왠지 부모님들의 자식 사랑하는 마음인 것 같기도 하다.

하여간 나무 심는 나무꾼의 입장에서는 고속도로 주변에 나무를 심을 만한 공간이 있다면 최대한 많은 나무를 심자는 의견이기도 하다. 특히 중앙분리대는 가급적 나무를 심을 수 있는 공간으로 설계를 하고 그 자리에 많은 나무를 심고 야간 운전에도 나무에 의한 상대방의 시선을 방해하는 일이 없도록 많이 심어지기를 바라는 마음 간절하다. 또한, 고속도로의 경사지, 법면 부위에 나무를 심을 면적과 심을 곳은 아직도 참으로 많이 남아 있다.

은행잎의 효능

- 은행나무는 지구상에 가장 오래된 식물입니다.
- 은행나무를 중국에서는 공손수(公孫樹)라 부른다.
- 은행나무를 집안에서 키우면 공기 정화에는 제일이다.
- 은행은 스태미나 식품이다.
- 은행은 소화 흡수가 잘되는 당질, 지방질, 단백질이 주성분이다.
- 은행은 카로틴, 비타민A, B1, B2, C와 칼슘, 칼륨, 인, 철분 성분이 있다.
- 은행을 익혀 먹으면 폐를 따뜻하게 하며 심장의 기능을 돕는다.
- 은행을 익혀 먹으면 강장 작용, 강정 작용으로 기를 늘리는 데 좋다.
- 은행을 익혀 먹으면 기침, 천식, 냉증을 가라앉히고 주독을 해소한다.
- 은행을 구워(익혀도 됨) 4~5알을 장복하면 정력에도 좋다.
- 은행을 6~7알 익혀 먹으면 자주 화장실 가는 사람들에게 좋다.
- 은행잎은 은행보다 약효가 크다고 한다.
- 은행잎은 부틸산 함유로 책을 깨끗이 보관할 수 있다.
- 은행잎은 바퀴벌레를 차단한다.
- 은행잎은 공기를 맑게 하는 기능을 가지고 있다.

- 은행잎은 공해 물질을 정화하는 기능을 가지고 있다.
- 은행잎은 바이러스를 죽이고 억제하는 기능이 있다.
- 은행잎은 곰팡이를 억제하는 기능과 죽이는 기능이 있다.
- 은행잎은 벌레가 끼지 않으며 살균 작용을 한다.
- 은행잎은 딱정벌레도 먹지 않는다.
- 은행잎은 집안 구석에 두면 바퀴벌레 등 해충 방지에 좋다.
- 은행잎은 세포막을 보호하고 혈압을 내리는 작용을 한다.
- 은행잎에 들어 있는 플라보노이드는 유해산소를 없앤다.
- 은행잎은 징코 플라톤이라는 성분이 있어 혈액순환에 도움이 된다.
- 은행잎은 징코플라본이라는 성분이 있어 혈액의 노화를 막는다.
- 은행잎 추출물은 현기증과 이명 현상에 효과가 있다.
- 은행잎 추출물은 기억력 상실에 집중력에 효과가 있다.
- 은행잎(6~7월) 35g+감초 15g 달인 물을 장복하면 혈액순환에 좋다.
- 은행잎(6~7월) 35g+감초 15g 달인 물을 장복하면 몸속 독소가 해소된다.
- 은행잎(6~7월) 35g+감초 15g 달인 물을 장복하면 혈압도 내려간다.
- 은행잎(6~7월) 35g+감초 15g 달인 물을 장복하면 현기증도 사라진다.
- 은행잎(6~7월) 35g+감초 15g 달인 물을 장복하면 탈모와 백발에 좋다.

    은행나무 잎을 깨끗이 씻어 말려 술을 가득 붓고 3개월 이상 숙성하여 마시면 뇌경색, 류머티즘, 시력장애 등 노인성 질환에 놀랍도록 큰 효능을 발휘한다.

    먹는 방법 : 물 한 컵 + 일반 수저로 1~2수저씩 마신다.

가을이 아름다운 이유

봄이 아름답고 가을이 아름다운 이유는 사랑하는 마음이 있기 때문이다. 착각일지 모르지만, 가을이 봄보다 더 아름다운 것 같다. 가을 하늘의 투명한 분위기는 꽃보다 더 화려하지는 않지만, 지금까지 살아온 인간과 동물과 식물과 마음의 정이 흠뻑 배어있는 것 같다.

세상의 인고에 시달리지 않고 지금까지 스스로 다독여 오면서 살아온 끈끈하고 은근한 끈기가 있어 보인다. 나무들은 아름다운 꽃의 여러 가지 색상과 새로운 싹이 트는 연녹색으로부터 노란색, 자주색, 분홍색, 빨간색, 의 아름다움을 주고, 희망을 주고, 행복감을 주기도 한다.

가을은 가을대로 아름답고, 마라토너가 달리기 골인 지점에서 마지막 온갖 힘과 에너지를 최대한 방출하듯이 나무도 잎이 떨어지기 전 자기가 할 수 있는 엽록소를 만드는 "일"(광합성을 하는 일)에 열정적으로 모든 에너지를 집중하여 최대한 빨강 노랑 갈색 등의 색깔을 연출한다. 보는 모든 이가 감탄할 수밖에 없는 스펙트럼을 만들어낸다. 이렇게 즐거움과 기쁨을 주고, 친근감을 준다.

청명한 가을하늘을 향해 해맑고 든든하게 언제나 같은 자리에서 인내하고며 자기 일을 완수하는 부지런한 나무다. 한 그루의 나무들을 보면 정녕 가을은 봄보다 더 우정과 의리가 느껴지는 믿음이 있다.

가을이 아름다운 것은, 녹색의 엽록소 이외도 알고 보면 빛을 흡수하는 색소로 70여 종이 더 있다. 이들 중 붉은색을 띠게 하는 카로틴이란 것, 노란색을 띠게 하는 크산토필이라는 색소 등 많은 색깔을 연출한다. 그러나 여름에는 많은 양의 엽록소에 가려서 녹색으로 보일 뿐이다. 엽록소가 분해되어 사라지는 양에 따라 다른 색소들의 색이 나타난다고 보면 될 듯하다.

우리는 단풍이 든다고 말하지만, 색소가 더해져 나타나는 것이 아니라 엽록소가 빠지면서 녹색을 잃어가고 잃는 양에 따라 울긋불긋해지고 있다고 보면 된다. 가을이라 아름다운 이유 또 하나는 계절 속에 우리들의 마음이 다른 때보다 더 많은 생각이 스며들기 때문이기도 할 것이다. 봄이 할 일, 여름이 할 일, 가을이 할 일, 겨울이 할 일이 따로 있을 것이다.

꽃이 할 일, 벌이 할 일, 나비가 할 일, 곤충들이 할 일은 그곳이 어느 곳이든 식물들이 뿌리를 내려 아름답게 꽃을 피우는 것이다. 그리고 건강하게 자라서, 열매를 맺는 일이다. 우리 사람이 할 일은 어느 곳이든 발이 닿는 그곳에서 열심히 일하여 자기 이름의 아름다운 열매를 맺는 것과 같다. 이름 모를 들풀도, 이름 모를 나무들도 우리를 일깨우는 것을 보면, 천하보다 귀한 우리는 더 많은 일을 할 수 있을 것이다. 국민교육헌장의 좋은 글귀가 생각난다.

우리는 민족중흥의 역사적 사명을 띠고 이 땅에 태어났다고 하지 않는가? 그래서 사람들은 저마다 타고난 소질을 계발하여 이 사회에 다양한 분야를 개척해 나가고 있다. 자연은 주어진 일에 최선을 다할 뿐 불평하지 않는다. 아무리 어려운 환경이라고 목표를 향하여 인내한다.

우리는 가을이 오면 많은 것을 생각하게 된다. 떨어지는 단풍 한 잎을 보면서도 겸손이라는 삶의 소박한 진리를 알아낸다. 어찌 보면 짧은 계절 동안 참 많은 것으로 우리를 즐겁고 풍족하게, 그리고 건강하게 만들어 주고 있다. 자신의 미래도 좀 더 멀리 내다보게 되고, 나무처럼 준비하며 살아간다면 손해는 결코 없을 것이다. 오늘의 내 모습도 세심히 살펴보게 되며, 나무의 삶과 비교해 보게 된다. 참 많은 것을 배워 다른 이의 삶에도 관심을 두게 된다.

맑은 하늘을 보고 진실을 생각하면서 더 투명해지고 싶어지는 때도 가을이다. 가을이 되어 이렇게 생각이 깊어지면 우리는 그 생각의 틈새에서 사랑과 우정이 자라는 느낌이다. 가을이 아름다운 이유는 여기에 있다. 풀벌레 소리를 들으며 외로움을 느낄 때 우리는 사랑을 생각한다.

바람에 흔들리는 갈대를 보고 인간의 연약함을 알게 될 때 우리는 사랑의 무한함에 감사하게 된다. 맑고 투명한 하늘을 올려다볼 때 우리는 진실의 문을 열고 사랑이라는 귀한 손님을 우정이라는 귀한 친구를 맞게 된다.

4계절 중에 솔직히 가을은 우리를 쓸쓸하고, 고독하고, 외롭게 만든다. 왠지 쓸쓸하고 수많은 그리움이 고개를 들며 생명의 유한함에 더욱더 작아지는 느낌이 든다. 고향의 가을바람은 마음을 더욱 시리게 한다. 고향의 겨울바람은 가을바람보다 더 우리를 연약하게 만든다. 우울하게 만들 때도 있다.

우리의 마음과 우리들의 모습을 추슬려 일으켜 세우는 방법은 단 한 가지, 우리에게 다시 봄이 온다는 희망이다. 그리고 서로 사랑하고 끈끈한 우정으로 위로하며 내일을 위해 기도한다.

가을 향기

가을 냄새는 어떨까? 가을 향기는 어디서 맡아 보았는가? 향기라고 하는 물질은 대부분이 나무나 풀에서 만들어진다. 이러한 냄새는 주위 환경으로부터 다른 생물체로부터 자신을 보호하고 지키는 전략이고 삶의 방법이다.

사람도 동물도 후각은 생존의 수단이다. 사람들은 기호성인 향기가 페로몬의 영향을 받기도 한다. 동물들은 페로몬이나 냄새로 영역을 알기도 하고 위험을 알기도 한다. 가을을 눈으로 보아서 알기도 하고, 향기로도 알 수 있고, 지식으로 알 수도 있다. 생존의 냄새는 코의 역할이 뇌로 가는 고속도로 같은 역할을 한다는 것이다.

2014년도 자료에 의하면 미국 전역의 나무에서 나오는 향기의 힘으로 연간 1,740ton의 대기 오염을 제거하였다는 것이다. 이것을 금전적 가치로 환산하면 미국 국민에게 28억 달러 규모의 혜택이 돌아갔다는 것이다. 이것은 나무를 위한 별도의 비용을 지불하지 않고 얻는 불로소득不勞所得이었다.

그러면 봄 냄새는 어떨까? 봄 냄새는 주로 나무에서 나오는 에어로졸이다. 이해가 가는지 묻고 싶다. 그렇다면 여름은 어떨까? 여름에는 상록수 숲이 강한 향기를 발하기도 한다. 그런데 해충이 더 활발하게 활동을 한다는 것이다. 나무의 능력이다.

여름 소나무의 피노실빈$_{pinosylvin}$은 세포 성장에 도움, 세포 이동, 항염 효과, 천연 항균 물질이다. 여름 편백 나무류의 테르펜은 식물들 정유의 주성분을 이루는 방향 또는 화합 물질들의 총칭이다. 이런 물질들은 우리들의 호흡을 활발하게 돕기도 하고 마음을 편안하게 하는 진정작용도 한다.

그래서 건강을 지키기 위해서라면, 숲으로 들라고 권하는 이유가 여기에 있다. 이왕이면 이른 아침 숲을 찾는 이들은 보약을 먹는 이상의 효과를 가질 것이라는 확신을 말씀드린다.

달리 이야기를 덧붙인다면 아침에 일어나 차량의 소음 및 기타 소음으로부터 비켜서라고 권하고 싶다. 그리고 자연의 소리를 들을 수 있는 곳으로 자리를 이동하라고 권하고 싶다. 소음은 건강에 매우 나쁜 영향을 미쳐 해롭다는 것이다.

새소리가 소음일까? 나뭇잎 흔들리는 소리가 소음일까? 좋은 음악이 소음일까? 새소리, 나뭇잎 소리, 좋은 음악 같은 소리는 빛과 별과 무지개와 함께 기쁨이 넘치는 노래이고 우리가 평소에 알게 모르게 갈망하는 소리다. 찌르레기는 40가지의 음을 낼 수가 있다고 하지 않는가? 바로 자연의 소리이고 자연의 합주곡이다. 새들도 흥분하고 행복하면 한 계절에 부르는 노래가 50만 번을 노래할 수도 있다는 이야기를 어느 책에서 읽은 기억이 있다.

세계에서 가장 흉내를 잘 내는 오스트리아 산금조는 차량의 경적도, 카메라의 셔터 소리도 따라 할 수 있다고 한다.

하여간 지금이 가을이고 가을 향기가 사라지기 전에 많은 가을 향기를 접하기를 바란다. 가을걷이를 위해 벼를 베는 농부의 낫 자락에서 나는 흙 냄새, 벼 익는 냄새가 향기롭다. 그 향기가 우리를 육체적 정신적으로 건강하게 만들어 준다.

그 향기에는 가을의 높은 하늘 푸른빛이 한들거리는 코스모스를 더 아름답게 보이게 하는 푸근함도 있다. 밤 가시에 찔리면서도 한 톨의 밤을 더 줍기 위하여 뒤척이는 흙에서 맡을 수 있는 가을 향기도 마찬가지다. 도토리 한 알 한 알 풀을 헤치며 도토리 주우면서 도토리묵의 향과 맛으로 군침을 흘린다.

가을 향기가 풍기는 가을 숲의 나무들은 겨울을 나기 위해 잎을 물들여 떨어지게 하고 스스로 나목이 된다. 가을 향기를 느끼게 해줄 나무 많은 산으로 올라가 보자. 혼자서도 좋고, 둘이면 더 좋다. 둘보다는 가족 모두가 함께 오른다면, 산은 더 반기고 우리는 더 아름답고 행복해질 것이다.

단풍이 드는 이유

가을이 돼서 기온이 내려가면 나무가 추위를 견디기 위해 잎을 떨어뜨리는 과정에서 잎자루에 떨켜라는 것을 만든다. 이 때문에 앞에서 광합성으로 만들어진 탄수화물이나 아미노산이 줄기로 이동하지 못하고 잎에 축적되어 색소로 변하거나 안토시안 엽록소가 파괴되면서 가려져 있던 색깔이 나오면서(카로티노이드) 여러 가지 색깔이 나타나는 것이다.

먼저 붉은 잎은 색소 클로로필이 분해되어 붉은색 안토시안이 형성된다. 노란 잎은 오렌지색 카로티노이드 색소에 의해서 나타난다. 갈색은 탄닌성 물질에 의해서 나타난다. 낙엽을 주워보면 한 가지 색만 있는 것은 아니다. 그것은 각각의 잎마다 다양한 색소들이 공존해서 울긋불긋한 색이 만들어지기 때문이다.

그럼 상록수들은 색소가 없어서 단풍이 들지 않는 것일까? 그렇지 않다. 원래 낙엽수보다 상록수 잎이 더 두꺼워서 떨어질 필요가 없어서 애초부터 떨켜가 생기지 않기 때문이다. 그러나 나뭇잎이 떨어지는 모습을 보는 나무꾼은 가을이라는 계절이 사랑스럽지가 않다. 나무들을 보면서 가지마다 맺은 정이 식어만 간다. 낙엽을 보면 애잔한 마음만 가득해 진다.

가을에 나무를 심자

나무를 심는 좋은 시기는 겨울이 지나고 땅을 파기 쉬우며 나뭇잎이 싹 트기 전까지의 봄철이라는 고정 관념을 버려야 한다. 봄이 아닌 가을에 나무 심는 준비도 하고 심기도 하자는 이야기를 하고 싶다. 아니, 봄에 심는 나무보다 가을에 심는 나무가 심기도 좋고 활착도 잘 된다. 봄에 심는 나무보다 빨리 심는 가을 나무가 5~6개월 빨리 심는 만큼 5~6개월을 더 자란다고 생각하면 된다. 시간이 된다면 가을 나무 심기를 권한다. 가을은 낙엽 지고 땅이 얼기 전까지 나무를 심는다면 별 무리가 없다.

봄에 심는 것보다 훨씬 잘살고 뿌리의 활착도 좋다. 여하간 봄이든 가을이든 뿌리가 잘 안착하고 뿌리 사이에 공기가 들지 않을 만큼 물을 충분히 주는 것이 중요하다. 그리고 심은 나무의 뿌리가 얼지 않도록 검은 비닐로 표면을 덮어주면 안전하다. 또 뿌리를 스스로 잘 지지하여 바람에도 쓰러지지 않도록 튼튼하게 고정해 주는 일도 중요하다.

나무를 심기 전에 나무의 특성을 먼저 이해하는 것이 중요하다. 먼저 나무의 생리 작용을 이야기해야 할 것 같다. 우리도 생리적인 현상은 어찌할 수 없지 않은가? 나무들도 마찬가지다. 나무도 살아가기에는 힘든 일도 많다.

먹고 배설하고 또 내일을 위하여 쉬고, 잠자고 겨울처럼 추우면 난방을 하고 더우면 선풍기나 에어컨으로 주변 온도를 시원하게 한다. 먹고 배설하는 일과 좋은 환경을 요구하는 것은 사람뿐만 아니라 나무도 마찬가지다.

그러니 나무를 심을 때는 인터넷에 나무 심는 시기와 방법을 한 번쯤은 알아보고 나무를 심자는 이야기를 하고 싶다.

나무도 물이 적으면 잎이 시들고 햇볕이 나지 않으면 탄소동화작용도 제대로 못 한다. 그래서 수분을 공급하여야 하고, 수분이 과하거나 토양이 습하면 배수가 잘되도록 하여 뿌리가 숨을 쉴 수 있도록 환경을 만들어 주어야 한다. 나무의 뿌리도 줄기나 잎처럼 적당한 산소가 있어야 하고 수분도 있어야 한다.

살아 있는 생명체는 동물이건 식물이건 영양을 취하고 호흡하고 적당한 온도가 되어야 자라고 활동도 한다. 토양이 극 산성이면 석회를 뿌려서라도 토양을 중성화시키고, 뿌리가 늙고 노쇠하면 새 뿌리가 내려 잘 호흡하고 영양분을 섭취하도록 해주고 새로운 뿌리가 나도록 마른 뿌리나 묵은 뿌리는 좀 잘라주기도 하고 새 뿌리가 잘 자라도록 환경을 만들어 주어야 한다.

우리도 아버지 어머니를 닮아 가듯이 나무도 유전인자에 의하여 나무의 모양이 수형과 키가 자라는 생장의 상태와 정도가 모수의 유전자 영향도 받고 그리 결정되기도 한다. 나무는 유전인자와 환경인자의 상호 작용으로 수목의 내적 생리 과정을 거쳐 우리가 보는 모습의 형태를 갖춘다. 수목은 유전인자도 중요하지만, 나무를 키워보면 환경 인자에 의하여 더 많은 영향을 받으며 많은 변화를 가져온다.

같은 묘목을 같은 시기에 심고 길러도 환경에 의하여 많은 변화가 달라지는 것을 목격할 수 있다. 식물은 주로 잎으로 호흡하지만, 줄기나 뿌리로도 호흡한다. 수목을 이해하기 위하여는 나무의 영양 기관, 생식기관을 조금 더 이해하면 좋을 듯하다.

식물의 영양 기관은 양치식물 및 종자식물에서는 뿌리, 줄기, 잎, 이 세 가지가 영양 기관이다. 뿌리는 흡수기능과 호흡 기능을 주로 한다. 당연히 식물을 지탱하는 일과 물과 영양분을 흡수하는 것은 영양 기관인 뿌리다. 줄기는 비대생장과 통로기능, 수분의 상승 기능, 양분을 뿌리로 이동시키는 기능 등을 한다. 가지를 뻗어 나무를 자라게 하기도 하며 잎을 달고 고정하여 주는 역할과 영양분을 옮기는 통로 역할을 하기도 한다. 잎은 광합성 작용, 호흡작용, 증산작용, 기공의 개폐 작용 등을 한다. 이것들이 가스 교환과 함께 빛을 받아서 탄수화물 녹말을 만드는 탄소동화작용을 한다. 잎은 나무의 영양 상태를 가장 알기 쉬운 기관이다. 잎은 영양분이 모이는 장소이기 때문에 잎을 분석하면 나무의 상태를 대부분 진단이 가능하다.

우리나라는 다른 나라들보다 대형 목도 옮겨 심으면 잘 사는 것으로 착각하는 듯하다. 대형 거목은 원칙적으로 옮겨심기를 하는 일은 하지 않아야 한다. 사람들도 마찬가지다. 불가피하게 옮겨 심어야 할 사항이라면

첫째는 많은 뿌리의 손실로 조속히 뿌리의 발근이 되도록 좋은 토양을 조성할 일이다. 대형 목의 이식 성공은 원칙적으로 세근의 양과 생장에 따라 좌우된다. 나무의 종류에 따라 뿌리의 활착 시기도 조금씩 다르기도 하다 좀더 관심을 가진다면 인터넷에 도움을 구하는 것도 좋은 방법이다. 단 인터넷의 답이 정답이 아닌 경우도 많음을 잊어서는 안 된다.

둘째는 지상부와 지하부의 균형을 유지하기 위하여 수관조절, 잎의 양 조절로 광합성을 활발하게 한다.

셋째는 수목 생리 조절제 처리, 병충해 방제를 위한 약제 살포, 인위적인 수분 및 무기 양분 공급 등이 중요하다.

뿌리 돌림의 시기는 늦가을부터 봄에 하는 것이 보통이지만 3~4월경에 하는 것이 가장 좋은 효과적인 뿌리 돌리기와 이식 시기다. 왜냐하면, 이른 봄은 뿌리가 쉬고 있는 시기이기 때문이다. 봄에 싹이 트는 것은 뿌리에서 영양의 공급으로 싹이 트는 것이 아니고 줄기 속에 있는 영양분으로 온도에 의하여 싹이 트며 새싹이 나오면서 옥신이 만들어져서 뿌리로 내려가 새 뿌리가 생기는 것이기 때문이다.

사람들이 나무에 배워야 할 것 하나 더 있다면, 우리의 아버지 어머니 연세가 많을수록 사시던 곳, 모든 생활이 익숙한 환경에서 여생을 보내시는 것이 안정적이다. 정든 고향, 친구들(이웃), 주변의 나무, 먹고, 놀고, 생활하던 평화로움, 주변 환경의 익숙함이 정신적으로나 육체적으로 안정이 된다. 나무도 사람과 마찬가지다.

나이 많은 대목, 고목들이 이식이 힘과 정성이 더 들듯이 우리네 부모님도 평생을 보고, 가꾼 고향을 떠나시면 아무리 좋은 환경이라도 낯설고 물선 타향은 고향만 못하여 건강에도 좋지 않다. 아무리 좋은 고기반찬도 김매고 거름 주고 기른 정과 사랑이 간 풋나물 채소만은 못할 것이다.

어린나무는 언제 어디에 심어도 잘 적응하고 잘 자란다. 사람도 마찬가지다. 어린아이들은 어디에 태어나도 잘 적응하고 낯선 곳에서도 잘 자란다. 나무도 마찬가지다.

사람을 비롯한 모든 생물은 환경 아래에서 살아나간다. 그런데 처음부터 살아나가는 곳의 자연환경, 그곳에 있는 사람이나 물건들, 그곳의 풍습이나 문화 등을 잘 알고 익숙해져 있다. 우리가 한곳에서 오래 살게 되면 스스로는 자각하지 못하더라도 우리의 정신이 사는 곳의 환경이나 문화를 알게 모르게 익히게 된다. 그래서 드디어는 그곳에 익숙하게 되는데 이것을 나는 그 "환경에 적응되었다."고 하고 싶다. 적응은 단지 사는 곳에 관한 것만은 아니다.

우리가 항상 사용하는 가방이나 신발이나 집 안에 있는 그릇이나 친구들 문화나 습관 등도 마찬가지로 오래 접하면서 서서히 적응하게 되는 것이다. 우리가 처음 접하는 사물이나 환경은 신기하게 느껴지기는 하지만, 적응이 되어있지 않아서 생소하고 이질적인 느낌이 있어 서먹서먹하다. 낯설다고 하는 것이 그러한 것이다. 그런데 아무리 낯선 것이라고 해도 계속 접촉하면서 오랫동안 같이 있으면 드디어 낯이 익게 된다. 그것을 우리는 정情들었다고 하는 것이다. 예쁜 마음으로 고운 정을 때론 당연시하는 고마운 가치를 잃어버린 미운 정까지도 함께하며 살아가는 우정 같다.

정들었다는 것은 그것이 낯익어지고 적응이 잘 되어 거리낌이 없을 만큼 가까워졌다는 말이다. 우리는 그처럼 정든 것과는 떨어지고 싶지 않은 것이다. 미운 정도 고운 정도 정情이다. 나무들도 마찬가지다.

적응하는 것 중의 한 예로 우리는 우리가 사는 장소에 대한 적응을 들 수 있다. 특히 어려서부터 줄곧 살아온 고향에 대한 적응은 아주 잘 알려져 있으며 적응에 의한 결과로 형성된 고향에 관한 추억을 《향수鄕愁》라고 부른다. 하물며 씨앗이 땅속에서 발아하여 뿌리 내린 식물들이야 태어난 곳이 얼마나 소중하겠는가? 말 못하는 나무, 발 없는 나무, 손 없는 나무는 오죽하겠는가?

고향처럼 평범한 곳이 또 있을까? 날이면 날마다 보아온 똑같은 집과 나무들, 눈을 감아도 훤히 보이는 골목길의 휘어진 모습 땅 위로 고개를 내밀어 오가는 걸음마다 조심하던 돌 하나까지 떠오르는 낯익은 산과 시내, 어두운 밤이라도 발을 헛디디지 않고 걸을 수 있을 만큼 눈익은 골목길들, 사람들, 관습들, 풍물들…. 이곳이 내 할아버지 할머니 아버지 어머니가 마음 편히 살고 쉴 수 있는 마음 편한 터전이다.

낡을 대로 낡고 닳고 눈과 손에 익어 어디가 위고 어디가 아래인지 보시지 않고 손으로 만져만 보아도 속속들이 알고 있어 어느 한구석도 모르는 곳이 없고 미운 정, 고운 정이 들지 않은 곳이 없는 곳, 사랑스럽다기보다는 마음이 편안한 곳, 그곳이 어머니 아버지가 편히 살 수 있는 마음의 고향 육신의 고향이다.

나무들도 노목들도 그렇다고 보면 틀림없다. 나이가 들수록 살던 환경을 옮기면 치매 확률도 높다고 하지 않는가? 스트레스야 말할 것도 없는 듯하다. 나무들도 그렇고 식물들도 그렇다. 나무 심는 나무꾼의 생각이기도 하다.

나무 같은 삶

식물같이 자연에서 자연스러운 삶을 살기를 원하는 사람들은 많은 듯하다. 나무같이 자연스러운 사람들의 삶이란 오솔길을 걷는 삶 같은 것이 아닐까? 들길과, 논길과, 산길과 더불어 살아가려는 삶이 아닐까 생각해 본다. 문명과 떨어져 살지 않더라도, 자연에서 흙과 식물들과 더불어 살지 않더라도, 우리가 이기심을 버리고, 경쟁심을 버리고, 미워하는 마음을 버리고 사는 삶, 조용하면서도 질서가 있는 삶, 질서가 있으면서도 희망이 있는 삶을 자연적인 삶이라 이름 짓고 싶다.

희망이 있으면서 사랑이 있고, 사랑이 있으면서 열매의 결과가 있는 자연의 삶! 그러면서도 환경을 탓하지 않고 환경에 감사하는 삶! 책임 있는 삶이 자연의 삶이다. 나무들은 자연의 어느 곳이나 어떤 환경이나 순응하면서 살아가는 운명이다. 비 오는 날은 비 오는 날에 순응하고, 바람 부는 날은 바람에 순응하며 산다.

바람의 말에 귀를 기울이며, 빗방울의 말에 귀를 기울이며, 살아가는 삶이다! 자연환경이란 나무 심는 나무꾼이 하는 말이지만 생명을 유지하는데 필요한 자연의 물질과 나무꾼이 사는 데 영향을 주는 환경의 모든 외적 요소들, 요인들이 자연환경이 아닐까!

그야말로 물처럼 바람처럼 살아가는 나무들의 일상생활이 곧 자연환경이 아닐까? 환경은 바람이 순풍이 되기도 하고, 태풍이 되기도 하고, 겨울 엄동설한에는 눈바람에 폭설이 되기도 한다. 그 속에서 식물들은 잘도 견디고 버틴다. 악착같이 버티고 참고 견디어 내며 순응하는 삶이다.

말없이, 소리 없이, 행동 없이 살다가 보니 사람도, 동물도, 새들도, 곤충들도 모두 나무를 자기 삶의 터전으로 생각하는 것 같다. 편하게, 고맙게, 우습게, 적당하게 무관심하게 볼 때가 참 많다. 나무들은 한마디 말도 참고, 한 번의 행동도 참으며 어렵게 올린 물도 사람과 동물과 곤충들에게 강탈을 당할 때도 참고 침묵한다. 좋은 것을 보아도 못 본 척해야 하고, 나쁜 일을 보아도 못 본 척하면서 그냥 산다.

미워하지 않고, 용서하면서…. 원망하지 않고, 세월의 흐름에 잠깐인 생명! 부귀영화를 더 누릴 것도 없고, 아등바등 살아도 한세상, 놀면서 살아도 한세상이다. 이해하고 용서하고, 살면서 좋은 마음으로 살아야 사랑도 예쁘게 익어간다는 생각이다. 언제나 어떤 나무의 열매라 할지라도 덜 익은 열매가 쓰고, 떫고, 시고 아프다는 것을 말없이 보여주고 있다.

감나무의 홍시처럼 내가 내 안에서 무르도록 익을 수 있다면 좋겠다고 생각한다. 이웃 님들의 오늘 하루가 미소 가득한 하루가 되시길 기원한다.

자연의 보고 캐나다의 숲

우리나라 대한민국의 숲은 공익적 가치는 126조, 국민 1인당 약 249만 원에 이르는 공익적 가치를 제공하고 있다. 캐나다의 경제에 막대한 기여 하는 나무는 연간 약 8백억 CA$(캐나다달러)의 수익을 가져온다고 한다. 8백 억 CA$(캐나다달러)는 한국 화폐로 계산하면 현재 환율인 1CA$당 1,100원으로 계산하여도 88,000,000,000,000원(88만억원)이다. 캐나다에서 잘 사는 시민들은 주말 캠핑 여행부터 야영 생활 등의 교육적인 휴가에 이르기까지 레크리에이션을 산림에서 즐긴다. 아름다운 경관과 산림 야생 동물, 자연환경 속의 맑은 공기와 물은 평화로움과 웰빙의 천국을 제공한다.

브리티시컬럼비아주의 무성한 우림으로부터 서부에서 동부까지 뻗어 있는 아한대 산림, 북극의 수목 한계선 부근 나무가 드문 지역에 이르는, 캐나다의 산림은 귀중한 자연자원이다. 산림은 항상 캐나다 정신의 일부이었기 때문에, 캐나다인들은 산림을 당연한 것으로 쉽게 생각한다. 하지만 오늘날의 캐나다 산림은 심각한 도전에 직면하고 있다. 기후 변화의 영향은 아직까지 명확하지는 않지만, 화재와 곤충에 의한 교란, 생태계, 식물 생장, 탄소 순환과 관련하여 큰 변화가 예상되는 것은 사실이다. 다가오는 기후 변화에 대처하기 위한 전략을 도출하기 위한 연구가 진행되고 있다.

환경 파괴는 석유와 가스 개발, 수력발전 프로젝트, 벌목, 도시민의 거주지가 전원의 산림으로 확장되는 등 인간 활동에 의해 초래된다. 또 하나의 지속되는 도전은 야생생물 서식지의 손실이다. 이러한 도전에 대처하기 위하여, 정부와 업계의 연구자는 캐나다 산림 상태를 지속적으로 감시하고, 산림의 건강에 영향을 미치는 요소를 조사한다.

환경을 보호하고 복구하기 위하여, 산림 종사자는 지속 가능한 산림경영을 이행하고 있다. 캐나다의 산림은 귀중한 국가적인 보물이다. 이해 당사자들의 상호 협력과 대화를 통하여 이행되는 현명한 산림경영을 통하여, 산림은 미래 후손들에게도 계속해서 매우 중요한 캐나다 생활의 일부가 될 것이다.

캐나다의 산림 현황을 살펴보면 총면적은 총 9억 7천9백만ha.(헥타르)이며, 이 중 산림면적은 4억 2백십만ha.에 달한다. 산림면적 4억 2백십만 ha. 가운데, 9천2백만 ha.는 "기타 산림"으로 나무가 자라는 습지대와 수목의 생장이 느리고 드물게 흩어져 있는 산림이다.

캐나다는 3억 천십만 ha.의 '산림면적'을 보유하며, 이 중 2억 9천4백8십만 ha.는 '개발 허용지역'이기 때문에 상업 목적의 산림 경제활동을 위해 이용할 수 있다. 2억 9천4백8십만 ha. 가운데, 1억 4천3백7십만 ha.는 '산림경영지'의 대상이 될 가능성이 높다. 이 1억 4천3백7십만 ha. 가운데 연간 9십만 ha.의 산림이 벌목으로 사라지고 있다. 2004년에 캐나다 경제(GDP)에 미치는 '임산공업의 기여'는 359억 캐나다 달러로 2003년의 337억 캐나다 달러보다 약간 증가하였다.

2004년 캐나다의 '임산공업의 수출액'은 446억 CA$(캐나다달러)를 기록하여 2003년 총 396억 CA$(캐나다달러)에 비해 증가하고 있다. "산림 부산물"은 2004년 캐나다 경제에 7억 2천5백만 CA$ 이상의 기여를 했다.

임산공업의 '직접 고용'은 1만 5천2백 명이 줄어, 2004년에 36만 천 명이 되었다. 이 결과는 지난 10년간 조사된 추세와 일치한다. 2004년에 캐나다에서 발생한 '산불발생 횟수'는 6,634회로, 지난 10년간의 평균치인 7,631에 비해 다소 감소 되었다. 2004년에 발생한 '산불 발생 면적'은 3백3십만 ha.로, 지난 10년간의 평균치인 2백8십만 ha.를 웃돌았다.

캐나다는 15개의 '국가생태보호구역'을 지정하고 있는데, 이 중 11개가 산림지대에 위치한다. 캐나다에 분포하는 14만 여종의 '식물과 동물, 미생물' 가운데, 약 9만 3천 종은 산림에 서식한다. 캐나다가 원산인 '수종'은 총 180종이다.

벌채 산업의 새로운 기술 개발과 적용으로, 임산공업이 산림 생태에 미치는 영향을 감소시켜왔다. 펄프와 제지 공장은 온실가스 배출량을 1990년에 비해 28% 낮은 수준으로 크게 개선하였다. 업계는 실제로 염화 다이옥신을 제거해 오고 있다. 1989년 이래 업계는 재활용에 26억 CA$를 투자해 오고 있다.

캐나다 제조공장에서는 2003년에 5백만 톤의 종이를 재활용하여 새로운 제품으로 생산하였다. 캐나다에서는 새 종이 생산에 사용되는 섬유 가운데, 24%는 회수된 종이로 만들어지고 56%는 칩 또는 제재 폐잔재로 만들어져 총 80%를 차지한다. 이는 캐나다의 종이 생산 역사상 가장 높은 재활용 종이와 폐잔재 활용 실적을 보여준다.

오늘날 펄프 제지 분야에서 소비하는 에너지의 55%는 재생 가능한 자원인 바이오 매스로부터 나온다. 지속 가능한 산림경영 인증은 지난 2년간 3배로 증가되었다. 캐나다는 세계의 어느 나라보다도 많은 산림인증면적을 보유하고 있다.

나무의 생물학적 정의

나무가 무엇인지는 누구나 다 알지만, 막상 엄밀하게 정의되지 않는 식물의 분류다. 흔히 쓰는 넓은 의미로서의 나무는 위로 어느 정도 이상 높이 자라며 잎이나 줄기가 달린 기다란 나무 기둥이 있는 식물을 뜻한다. 나무는 한해살이 식물이 아닌 여러해살이 식물이고, 관목(덤불 나무)이나 대나무, 야자수 등 나무와 비슷하게 생겼으면서도 잎이나 줄기가 달린 기다란 나무 기둥이 있는 식물을 뜻한다. 좁은 의미의 나무로는 목질 기둥을 가졌으며, 이 기둥이 길이뿐만 아니라 굵어지는 쪽으로도 생장(2차 생장)하는 식물을 뜻한다. 나무(목본木本)와 동일한 식물 분류지만 구분되는 풀은 초본草本이다. 좁은 의미의 나무에는 다음 식물들이 포함되지 않는다.

대나무: 나무 기둥이 굵어지는 2차 생장을 하지 않는다. 당연히 나이테도 없다. 그래서 식물학에선 풀로 정의된다.

바나나 나무: 목질의 기둥이 없다. 초본식물('풀'류)로 분류된다. 게다가 줄기같이 생긴 건 사실 줄기도 아니라 잎이 여러 장 모인 것으로 바나나의 줄기는 땅속에 있다.

소철, 나무고사리, 야자수: 2차 생장도 없고 목질 기둥도 없다.

좁은 의미의 나무 조건을 갖추었어도 다 자란 상태의 키가 너무 작으면 관목灌木으로 분류하여 나무로 보지 않는다.

대표적으로 무궁화나 진달래나 개나리 같은 종류를 떠올리면 쉽다. 그런데 정확히 어느 선 이상으로 자랄 수 있어야 나무인지는 엄밀하게 정의되지 않는다. 보통 최대로 성장한 나무의 키가 2m 이하이면 관목으로 분류하며, 현실적으로는 인간 성인 키보다 크지 않다 싶으면 관목으로 분류한다. 식물의 열매가 과일이냐 채소냐를 가르는 기준이 되기도 한다. 수박, 참외, 토마토를 과일이 아닌 채소로 분류하는 이유도 여기서 기인한다.

나무는 비단 인류뿐만 아니라 다른 동식물들의 생활 터전이 되기도 한다. 새들의 집이나 동물들의 먹거리, 야생동물들의 쉼터, 죽은 나무를 양분으로 한 또 다른 식물, 균류들 등 다양한 존재들의 생존 환경을 제공해 준다. 나무도 종류에 따라 외형이나 부가적 기능(?)에 차이가 있어서 선호 받는 나무가 있고 그렇지 못한 나무도 있다. 대표적으로 옻나무는 독성이 있어서 신체와 접촉하지 않는 게 좋기에 잘 사용하지 않는다. 반대로 특유의 좋은 향을 내거나 내구성이 튼튼하면 좋은 나무로 취급되며, 나무의 가치가 올라간다. 대표적으로 향나무 계열을 꼽을 수 있다. 일반적으로 나무에는 나이테가 있다.

다른 식물들도 그렇지만 나무 역시 관상용으로 키우기도 한다. 단, 보통의 나무는 매우 거대해서 '관상'이 쉽지 않은 데다가, 제대로 키우자면 땅이 필요하고, 성장하는 데에도 엄청난 시간이 필요하다. 이 때문에 일반적인 나무를 키우는 경우는 정원이 딸린 집에 한정되고 보통은 분재라는, 화분 속에서 자라는 작은 나무를 키운다.

판재_{板材}에는 옹이가 발견된다. 옹이는 가지가 붙어 있던 부분이나 성장 중이던 싹 부분이 목재의 이질적인 부분으로 남은 것이다. 옹이는 가공했을 때 생긴 이질적인 부분으로 이는 대개 품질을 떨어뜨리는 요인이 된다. 옹이는 목재가 갈라지거나 뒤틀리는 현상을 일으킬 수 있음으로 구조적인 약점으로 작용한다. 옹이가 생기는 원인은 죽은 나뭇가지 때문이다. 죽은 가지의 조직 주위를 새로운 세포 조직이 감싸면서 생겨난다. 이미 죽어버린 가지의 조직은 새로 생기는 조직에 합쳐질 수 없기 때문에 나무 본체에서 분리된 옹이가 생기는 것이다. 특히 옹이가 있는 부분은 수직 충격에 약하다. 물론 옹이가 목재의 튼튼함에 항상 악영향을 끼치는 것은 아니고, 위치나 크기가 적절하다면 영향이 없을 수도 있다. 인테리어나 장식용 목재의 경우 나무 느낌을 강조할 수 있어 옹이를 선호하는 경우도 많다.

나무는 이산화탄소를 흡수하여 이를 산소로 바꾸어 배출한다. 산소가 필요한 모든 생명체에 나무는 매우 중요한 존재다. 대한민국에서는 매년 4월 5일을 식목일로 지정하여 나무를 심는 행사를 할 만큼 소중하게 여긴다. 이 때문에 자기 소유의 땅이나 산에 있는 나무라도 그 지역 산림청의 허가를 받지 않으면 임의로 베어낼 수 없다. 세계 각국은 자국의 최대 산림 소재지들에 대해 벌목 규제를 만들어서 불필요한 벌목 횟수를 줄여 산림을 보존하기 위해 노력한다. 특히 나무의 종류, 주변 환경에 따라 차이가 있지만 대개 나무 한 그루가 만들어내는 산소의 양은 많지 않은 편이므로 일정 수준 이상의 나무를 유지하는 것은 매우 중요하다.

공기 정화 능력과 나무 특유의 아름다움이 자연과 가깝다는 느낌을 잘 살려내기에 도시에서도 거리 곳곳에 나무를 심어두기도 한다. 이를 '가로수'라고 한다.

나무도 식물이다 보니 꽃가루를 만들어 번식한다. 식물이 수술에서 만들어진 꽃가루를 암술로 전달하는 데는 곤충, 바람, 새, 물을 이용하는 방식이 있는데, 나무는 바람을 이용하는 경우가 많다. 대개 나무는 다른 식물보다 높은 위치까지 자라므로 꽃에 부는 바람이 센 편이고, 꽃가루도 땅에 떨어지기 전에 멀리까지 날아갈 수 있다. 일반적으로 곤충을 이용하는 충매화나 새를 이용하는 조매화는 매개 생물을 유인하기 위해 화려한 꽃, 달콤한 향과 꿀을 만든다.

반면 풍매화는 그런 거 없고 단순히 양으로 승부하는 편이다. 나무의 꽃이 모두 풍매화인 것은 아니나 풍매화인 경우가 많기 때문에 나무에서 많은 양의 꽃가루가 날린다. 꽃가루 알레르기의 주원인 역시 풀보다는 나무다. 반면 씨에 붙어 있는 털은 알레르기의 원인이 아니다. 버드나무나 플라타너스의 씨에는 바람에 날리도록 하는 하얀 털들이 붙어 있는데 이를 꽃가루로 오해하기도 한다. 그러나 꽃가루는 말 그대로 가루이며 씨의 털과는 다른 것이다. 그리고 씨에 붙은 털들은 알레르기 원인 물질이 아니다. 나무도 병에 걸릴 수 있다. 다행히 나무는 동물들과는 아예 세포의 구조 자체가 달라서 나무의 병은 동물에 전염되지 않는다. 동물의 질병이 나무에 전염되지도 않는다. 방사능을 잔뜩 뒤집어쓰면 시뻘겋게 물들어가며 죽는다. 또한 미칠 듯한 돌연변이 현상도 일어난다.

나무는 사람보다 수억 년 먼저 출현하였고 사람보다 수천 년을 더 사는 존재이기 때문에 '생명'에 관련된 신비한 이미지가 있다. 그래서 오랜 세월 숭배의 대상이나 저주의 존재가 되는 경우가 많다.

노는 날, 쉬는 날

쉬는 날과 노는 날의 차이점은?
노는 날과 운동하는 날의 차이점은?
일하는 근로 일과 쉬는 날의 차이점은?

나무 심는 나무꾼도 이제는 쉬는 날이 많아졌다.
나무 심는 나무꾼도 이제는 노는 날이 참 많다.
조금이라도 보람이 있는 일을 하지 못한 날은 스스로 바보가 되는 것 같다.
그래서 책이라도 읽고 유튜브 강의라도 듣는다. 강의도 참 다양하다.

월요일 출근하고 일 좀 하려 하면, 벌써 금요일이다. 예전의 토요일 같은 기분이! 요즘은 금요일이 이전의 토요일 같은 기분이다. 그래서일까! 월, 화 수, 목, 금, 토, 일요일이라는 기분보다는 요즘 느끼는 시간은 월, 화, 금, 토, 토, 일, 일 일요일 기분이다. 회사를 경영하시는 분들이 직장에서 일하는 리듬이 노는 날들로 해이해진다면 모두가 상쾌하지는 않을 것이다.

건설 현장 일을 다니다가 쉬는 날 노는 날이 많아 경제적 지출이 많아진 분들은 한 달을 살아갈 수입을 걱정한다. 여유 있어서 쉬는 날들이 많아지고, 의미 있는 쉼이 있다면 참으로 보람 있고 진심으로 행복할 것이다. 그러나 일주일, 7일을 몽땅 일에 매달려도 생계를 유지하기 어려운 저소득자에게는 휴일이 많은 것이 반갑지 않을 것이다.

나무 심는 나무꾼이 하고 싶은 말은 일을 열심히 하는 사람의 휴일이란 주어진 일, 예정된 일, 약속된 일들을 규칙적으로 반복되는 일들을 완벽하게 마무리하고 미루어두었던 일을 찾아서 하는 날이 휴가의 날이 되어야 한다는 것이다.

그러면 일이란 무엇인가? 휴가도 일이다. 일이 있기에 아름다운 세상이 있는 것이다. 오죽하면 일하기 싫은 자는 먹지도 말라고 했을까? 일하지 않고 매일 쉰다면 지옥도 그런 지옥이 있을까! 일할 수 있는 자들이 일하지 않고 그저 공짜 개념으로 받는 자들에게 복지란? 복지를 그저 받는 자의 미래의 개인적인 재앙이 될 수도 있기 때문이다.

도덕적 가치를 지닌 인간복지! 사실이지 사회복지는 조직 대부분의 활동에 영향을 미친다. 그러나 부도덕한 자가 복지를 누리는 일도 많다. 과잉 복지가 복지의 목표를 애매모호하여 문제를 발생시키기도 하는 듯하다. 주변을 둘러보아도 그렇다. 지금도 과잉 복지는 참으로 많다.

가족이 분가하면 남이라지만 부모 형제가 있는 집들도 국가에 의존하는 것이 당연하다는 인식이고 현실이다. 사회복지 조직을 둘러싸는 도덕적 모호성은 윤리적 모호함은 어떻게 해결할 것인가?

복지라고 하는 소기의 결과를 얻는데 불완전한 지식과 기술을 사용하며 행정적인 뒷받침이 아직은 미미한듯하다. 핵심적 활동은 조직구성원과 서비스 대상자인 클라이언트의 관계이다. 참 애매모호하다. 사회복지서비스의 효과성을 타당하고 신뢰 있게 측정할 수 있는 표준 척도가 없음 등을 꼽을 수 있다. 잘 산다는 대한민국이지만 아직도 어려운 분들도 있고 그렇게 모든 국민이 여유롭지는 못한 것이 사실이다. 여유 있는 사람들의 넓은 마음, 더 배려하고 남을 이해하는 마음이 더 필요한 시기라고 이야기하고 싶다.

나무 심는 나무꾼이 또 가만히 있는 나무를 핑계 삼아 여러분에게 몇 마디 말씀을 더 하고 싶다.

자연에는 휴일이 없다.

나무들은 공휴일이 없다.

아마 곤충들도 공휴일은 없을 것이다.

나무들은 토요일도, 일요일도 노는 날도 쉬는 날도 대체 공휴일은 더욱 없다. 상상의 세계에서나 있을까? 나무들에는 물론 자연의 모든 식물과 동물들에는 복지란 없다. 자연의 이치고 자연의 섭리다.

인간들도 이 자연 자연의 훼손이 자연재해의 심각한 비극들을 초래할 수 있다면 당신은 자연의 중요성에 대해 간과하겠는가? 자연의 섭리대로 살아간다면 당장 복지를 재설계하여야 할 것 같다. 공동운명체란 것은 하나의 일부를 훼손할 때, 그것이 공동 운명을 지니기 때문에 당신에게도 위해가 돌아올 수 있는 것이다. 당신이 당신의 터전의 중요성을 간과할 때 말이다.

어떤 이는 쉼이 아닌 일 하지 않고 놀아야 하는 근로기준법 때문에 일하고 싶어도 일할 수가 없는 환경이란다. 일하고 싶은 근로자들은 나무 심는 나무꾼을 비롯하여 대체 공휴일을 무슨 생각으로 152명이란 국회의원들이 찬성 거수하고 만들었는지 도무지 무슨 생각인지 놀게 하면 좋아하리라 생각하는지? 자기들만 놀기가 미안하니 같이 놀자는 것인지 의문이 풀리지 않는다. 나무꾼의 생각으로는 참으로 이상한 사람들이다.

더 놀고 싶어 만들어 놓은 공휴일 제도인지 모르지만, 그놈의 대체 공휴일 제도가 중소기업을 힘들게 하고, 일하고 싶은 일용근로자들을 힘들게 한다. 어느 이용자들의 이야기다. 예전에는 하루 벌어 하루 먹고살았는데 즉 요즘은 4~5일 벌어 7일 먹고살아야 하니 배가 더 고프단다.

공무원이나 직장 다니던 사람들처럼 연금이라도 많이 받는다면 또 모르지만 일당을 받고 근로 연금복지 기금이라야 고작 일당보다 적은 수준이다. 일용 근로를 하는 사람들은 국민연금도 적다는 하소연이다. 국가를 위해 땀을 흘린 땀방울 양은 더 많은데 연금은 공무원들의 반의반도 안 된다. 나무꾼이 확인은 해보지 못했지만, 그분들의 말씀에 공정한 세상인지 묻고 싶다. 그분들도 같은 국가 국민이다. 그분들이 하는 이야기다. 쉬는 날이라도 적었으면 좋겠다고….

누가 그분들의 마음을 알까 싶다. 주 5일 근무 시행으로 365일 중 연간 104일을 쉴 수 있다. 약 30%는 노는 날, 쉬는 날이다. 법정 연차 일수도 19일에 달하여 법정 공휴일이 며칠이 주말과 겹친다고 해도 별문제가 될 것이 없다는 이야기다.

주요 국가의 연간 법정 공휴일 수는 한국이 16일, 호주는 12일, 프랑스 11일, 미국은 0일, 독일도 10일, 영국은 8일이다. 우리나라가 1등이다. 나무 심는 나무꾼의 생각은 근로기준법을 바꾸어야 한다는 생각이다. 사용자와 근로자가 스스로 계약하여 일을 더 하고 싶은 사람들은 더하도록 개인 의사에 맡길 일이다.

단 너무 육체를 혹사할 정도의 시간이 아니라면 더 벌고 싶은 사람은 더 일해도 되는 자유이어야 한다는 것이다. 자유민주 국가에서 근로자와 사용자에게 그 정도의 자유는 있어야 하지 않을까 하는 나무꾼 생각이다. 근로시간이 줄어든다고 해서 삶의 질이 향상되는 것은 절대 아니다. 근로시간이 줄어든다고 해서 여가는 상대적으로 늘겠지만, 꼭 필요로 하는 시간은 절대 아니다.

근로시간을 따지는 근로자 치고 일 열심히 하는 사람 별로 없다. 자기 개인의 일도 그리할까 궁금하다. 근로시간이야 법적인 문제이지만 현장 일을 하다가 보면 일을 조금 더 할 수도 더 일찍 마칠 수도 있다. 당연히 오버타임 시간으로는 노임을 더 계산해 준다. 그러나 근로시간보다 일을 조금 빨리 마치거나 일거리가 적어 일찍 마친다고 돈 더 적게 달라고 따지는 사람은 못 보았다.

근로자와 사용자, 사용자와 근로자, 서로 입장 메꾸어 생각해보았는지 묻고 싶다. 9월 추석 연휴가 있어도 또 더 쉬어야 더 놀아야 하는 날이 11일이다. 나무 심는 나무꾼이 10월은 놀고 싶지 않은 날 놀아야 하는 날이 12일이다. 대체공휴일이라고 법으로 정해서 노는 날이다. 바빠서 밥 한 끼 굶으면 두 끼를 한 번에 먹는지 묻고 싶다.

복지를 하려면 다음 세대들에게 피해가 가지 않는 복지를 하라고 말하고 싶다. 그리고 거지가 아닌 이상 공돈을 주어서는 안 될 일이다.

나쁜 일이다. 그런데 그 돈도 다음 세대들에게 피해가 가지 않는 돈으로 주라는 이야기다. 우리 아들딸들이 경제적 고생 국가부채 갚는 일에 더 고생할까 걱정이다. 나무 심는 나무꾼의 횡설수설….

모두의 의견이 다 다르니 따지지 말고 이해하고 읽어 주시기 바란다.

나무만이 해결책이다

　식물의 생명과 식물의 건강한 자람이 사람들이 살아가는 지구촌의 환경을 지키는 해결책인듯하다. 그래서 요즘은 어디를 가도 환경이라는 단어를 사용하곤 한다. 그것도 친환경적이라면 먼저 식물을 떠올린다.
　그러나 경제적으로 여유가 있는 선진국일수록 환경을 더 많이 피곤하게 만드는듯하다. 탄소 배출률만 보더라도 짐작이 간다. 탄소 배출을 가장 많이 하는 나라가 중국이다. 탄소 배출 2위인 나라가 우리의 우방인 미국이다. 탄소 배출을 많이 하는 나라 3위가 인도라고 한다. 우리나라도 선진국 대열에서 세계 8위~9위의 탄소 배출국이다. 지구의 환경은 이리하여 급속도로 안 좋은 방향으로 달라지고 있는듯하다. 선진국이 어찌 보면 탄소 배출을 적게 하는 나라에 미안한 일이고 인류 모두에게 빚을 지는 일인 듯하다. 오죽하면 국제적으로 탄소배출권거래 제도가 생겨났을까 하는 생각이다.
　탄소 배출권이란 그다음 할당받은 탄소배출권보다 적게 탄소를 배출한 경우 이를 많이 배출한 사람에게 탄소 배출권을 팔 수 있도록 거래하는 제도를 말한다. 그러나 아직도 탄소 배출권에 관한 제도에 대한 홍보조차도 미진하고 탄소배출권이 언제 어떻게 생겼는지 아는 사람보다 모르는 사람이 더 많다.

지구촌에서 탄소 발생으로 인하여 지구의 평균 온도가 1~2℃ 올라간다면 인류가 감당할 일이 더 많아진다. 탄소 배출로 사람들의 생활이 힘들고 환경적으로 새로운 병들이 생기고 더 많은 병원비와 더 많은 약값을 지불해야 한다. 지금의 코로나 19처럼 상상도 못한 일들이 벌어질 수도 있을 것이다. 시리아 난민만을 걱정할 일이 아니라 앞으로 기후로 인하여 생겨날 기후 난민도 생길 수 있다.

   나무 심는 나무꾼의 생각이지만, 기후 난민만이 문제가 아니고, 탄소에 의한 환경 난민도 생겨날 것이다. 기후의 변화로 곡물 생산의 차질이 생기고 그래서 기후 난민도 생길 것이다. 그뿐만이 아니라 생태적인 문제로 생태적인 난민이 생겨 날것이고, 먹거리 생산량의 변화로 인한 식량부족의 난민도 생겨날 것이다. 생각만 해도 끔찍한 일이다.

   자연에서 자연적으로 살아가던 동물들이 살아갈 자리를 잃고 점점 적어져 사라진다는 것이다. 나무들이 줄고, 숲이 줄고, 초목들도 줄어 들어간다는 것이다. 그러면 지구가 어떻게 변할지 두렵기만 하다. 나무 심는 나무꾼으로서도 이해보다는 지구의 변화가 어떻게 될지 두렵기만 하다.

   나무 심는 나무꾼이 어릴 때 산에 가면 산토끼들이 보였고, 새들이 알을 낳아 새 둥지를 틀든 모습은 흔하게 보았다. 그러나 이제는 산토끼도, 산새도, 노루도, 사라지고 있는 것 같다. 단지 먹새 좋은 산돼지는 산 밑에 있는 밭들을 습격하여 먹이로 공급받으니 삶에 큰 어려움이 없는 듯하다. 오히려 사람들이 산돼지의 습격으로 고생을 하는 일도 흔하게 볼 수 있다.

하여간 지금처럼 지구의 온도가 과다한 탄소 발생으로 온도가 올라가 지금보다 4°C가 더 오르면 미국의 옥수수밭 옥수수가 수확이 1/2로 줄어든단다. 그러면 가루음식들이 빵값을 비롯하여 얼마나 오를까 걱정이다. 옥수수만이 문제가 아니라 밀가루 생산까지 차질을 빚는다면 머지않아 식량 난민이 생겨날 판이다. 우리나라는 쌀의 자급자족보다는 쌀 수입국으로 알고 있다. 우리나라가 아니라 쌀을 수입할 수입국이 흉년이 드는 날에는 국민들이 쌀 대신 어떤 음식으로 생명을 유지할 영양을 보충할 식물재료를 걱정할 판이다.

우리나라 농림부는 농사를 짓지 않으면 장려금을 준다니 잘못된 일 같다. 이해하시며 읽어 주시기 바란다. 논과 밭에 농사를 짓지 않는다면 농업인으로서 정부의 혜택과 정부의 지원을 직불금 제도로 도움을 받는단다. 저마다의 할 일을 다하여야 할 판국에 벌금을 추징해도 뭐 할 판에 장려금을 준단다.(잘못된 내용이면 이해 바란다) 차라리 장려금 대신 "2중 곡가제"를 하여야 농림부가 옳은 일 같다. 이중곡가제란 식량 생산을 위하여 정부에서 농업인들이 농사 원가보다 값이 싼 농산물을 투입금액과 일정한 이윤을 붙여 비싸게 정부가 구입하고 농협이나 다른 지정된 곳을 통해 일반 시민들에게 싸게 파는 제도를 나무꾼은 말하고 싶다.

세계적으로 환경의 이상 기온으로 먹거리가 수입이 되지 않는다면 어떻게 할 것인가? 일본은 부족한 농산물을 수입하면서도 자국민은 자국 식량을 자급자족하기 위한 수단으로 농사일은 계속한다. 늘 위험한 식량 문제를 대비하는 일본 정부와 일본 국민들의 자세다. 맞는 말 같다.

우리는 우리 농촌에 농민에게 공짜보다는 농민의 쌀을 적정한 가격으로 정부에서 사서 소비자에게 부담 없는 값싼 식품으로 되파는 제도(이중 곡물 가격 제도)를 해야 한다는 생각이다. 양식으로 인한 난민이 나타나기 전에 말이다. 언제라도 농산물을 많이 생산하여 수출하는 국가가 흉년으로 곡물 가격이 금값이 된다면 어쩔 텐가? 당장이라도 우리나라도 일본 같은 이중 곡가제를 하더라도 농민들이 열심히 농사일을 하게 만드는 게 맞다는 생각이다. 부지런한 우리 국민들은 공짜를 싫어하는 자존심 있는 국민들이다.

환경 이야기를 하다가 나무 심는 나무꾼이 생각나는 농사 이야기를 해 보았다. 농토가 줄어들고 농사 지을 사람들이 줄어든다는 것은 환경적으로 식량 자급자족하는 일에 어떤 무서움이 밀려올지 생각만 해도 오금이 저리다. 최소한 자국에서 자국민이 자급자족할 정도의 농사는 언제나 생산하여야 한다는 생각이다. 어떤 나라가 식량을 무기화할지 두렵기만 하다. 국민에게 공돈 주는 일 대신 이런 곳에 돈을 쓴다면 얼마나 많은 박수를 받을 것이라는 생각이다.

오늘은 환경 이야기를 하려고 나무가 해결책이라는 글을 쓰다가 이야기가 삼천포로 간 점을 이해 바란다. 아니 환경에서 1차 산업인 농업 이야기로 변질하고 말았다. 하여 "오늘은 우리나라 1차 산업 자급자족만이 해결 책이다"로 제목을 바꾸어야 하겠다.

나무의 힘

식물에 관한 궁금증이다.

식물들은 날마다 행복하고 평화롭고 자유로울까? 동물이나 식물이나 자기만의 힘(능력)이 권력이 된다. 모든 식물은 이름이 있다. 그 이름은 사람이 지은 것이다. 식물들은 자기의 이름만큼 권력도 있고, 능력 있다.

귀가 없지만, 음악을 들으면서 행복해하기도 한다. 귀가 없어도 소음이 들리면 잘 자라지도 못한다. 말과 소리를 매개로 한 구성원들은 그것이 체계화된 의사소통 수단이다. 그래서 세상에는 아름다운 말과 소리가 있고 불편한 소리도 있다. 식물의 다양성과 식물들의 특성은 사람들의 의식을 공유하고 반영한다. 많은 생각이….

식물들은 생명을 잇기도 하고, 끊기도 하는 능력이 있다. 식물의 세계도 인간의 세계와 같이 권력도, 경제도, 역사도, 문화도 있는 것 같다. 욕망이라는 관점에서 식물의 본성도 인간의 그것과 다를 바가 없지 않을까? 그러나 식물의 치열한 경쟁은 동물의 세계에서 볼 수 없는 상생의 미덕과 공존의 조화가 있다. 아름답고 평화로운 잔디밭에 세상의 온갖 씨앗들이 바람에 의지하거나 사람의 손을 빌리거나 차량의 짐이 되어 찾아온다. 잔디는 싫어도 마지못해 그 씨앗에 자리를 내어 주지 않을 수 없다.

잡초의 씨앗은 바람을 이용하거나 비를 이용하거나 아니면 다른 어떤 환경의 조건에 의지하여 재빨리 뿌리를 내리고 터를 잡는다. 잔디보다 더 생명력이 강한 풀(생장 속도가 빠른 식물)들은 잔디를 비집고 더 빨리 자라는 왕성한 생존력을 발휘하는 것이다. 이에 잔디는 스스로 굴복할 수밖에 없다. 그래서 땅을 파보면 잔디와 풀의 절묘한 타협을 확인할 수 있다.

나무 심는 나무꾼이 보는 잔디와 풀의 타협하는 속성. 풀들은 잔디가 내리는 뿌리의 깊이보다 훨씬 더 깊게 뿌리를 내리고, 잔디보다 한층 아래층에 뿌리를 두고, 잔디의 뿌리 사이로 잔디에 산소도 공급해 주고, 수분도 공급해 주고, 영양분도 공급해 주면서 통로 역할도 해준다. 다른 종의 식물들 사이에 나타나는 상호 간 공존의 시작이다. 만물의 영장이라는 우리가 배워야 할 속성이다. 이를테면 나무를 심은 지표면에 잔디를 심는 것과 같다고 이해하면 좋을 것이다. 그들의 상생은 참으로 오묘하고, 타협은 진실하다고 말하고 싶다. 우리가 말하는 공정 거래인가 보다.

식물들의 완강한 번식력에 힘을 빌려 동물들이 살아가고, 사람들이 살아가는 모습을 보면서 한 지역을 뒤덮을 수 있는 근본적인 가능성이 두렵기까지 하다. 문득 사람들이 만든 앙코르와트 사원의 식물들이 인간의 문화를 침범함, 억압하는 장면은 소름 끼치는 일이다. 하루를 방치하고, 한 달을 방치하고, 한 해를 방치하는 일들이 거듭되니 식물이 인간들의 문화까지도 짓밟는 모습이라고 말하고 싶다. 나무 심는 나무꾼이 1년만 밭을 갈지 않고 곡물을 심지 않고 잡초를 뽑지 않는다면, 그 밭은 잡초들이 점령할 것이다. 그리고 잡초 속에 자라는 나무들까지 서로 능력을 자랑이라도 하듯이 씨앗을 발아하고 엄청난 번식력을 경쟁하며 자랄 것이다.

아카시아 나무의 씨앗은 좋은 환경을 만날 때까지 40년 이상 참고 기다리면서 여유 있는 은둔 생활을 하기도 한다. 그래서일까? 새로운 장소에 도로가 나고, 새로운 환경이 만들어지면 어디서 어떻게 무슨 에너지로 나타났는지 의문스럽게 기다렸다는 듯이 새로운 삶의 터전으로 새로운 삶으로 시작하는 아카시아 나무에 신기한 일들이 일어나기도 한다. 그러다가 자기가 스스로 자랄 만한 환경이 되면 싹이 트고 뿌리를 내리고 점령군으로 삶이 시작된다.

초본들은 말이 없고, 소리가 없고, 조용하다 보니 평화롭고, 고요할 것만 같은 평화로운 자연의 환경들이지만 식물 간의 자리 투쟁은 동물보다 더 치열하다. 포기하지 않는 은근과 끈기가 대단한 삶에는 포기란 없는 투쟁적인 삶이다. 식물 간의 다툼과 싸움은 그악스러울 만큼 이기적이고 자기중심적이고 섬뜩하고 잔혹하기까지 하다.

나무 심는 나무꾼이 밭이 멀어 한 해를 묵히고 1년 후 밭을 찾으니 혼자서 들어서기가 겁이 날 지경이었다. 새로운 경작을 하기 위해 밭으로 들어갈 엄두조차 나지 않는다. 어찌할까 궁리를 하면서 이른 아침 새로운 새순이 넝쿨을 내미는 모습이 겁난다. 새순을 내밀고 나더니 오후가 되니 언제 나무를 감고 단단히 목숨을 걸고 끊어지면 끊어질지라도 놓지 않을 기세다.

지상부는 그렇다고 치자. 땅속의 지하부의 식물의 뿌리들은 어떻게 누구와 전쟁을 하고 있을까 궁금하다. 아카시아 나무는 자기가 뿌리를 뻗고 나면 다른 나무들의 뿌리가 접근을 하지 못하게 방해를 하는 듯하다.

나무들이 새로운 뿌리를 뻗고 자리를 차지하여 자기 영역을 만들거나 자라면서 영양을 빼앗고 양식을 끊어 버리는 식물들의 생리는 나무 심는 나무꾼은 소나무 작업을 하다가 보면 깜짝 놀랄 만한 광경을 접하곤 한다. 이는 식물들이 햇볕과 물, 탄소동화작용만으로는 삶이 풍요롭지가 못한 모양이다.

하여간 식물이나 동물이나 물을 먹지 않고, 물을 사용하지 않고 살아가는 생명체가 있을까 하는 생각이다. 이런 자연의 동식물들이 살아가는 상황 가운데 날아가던 새 한 마리가 나뭇가지 위에서 변을 본다. 옛말에 새똥은 독하여 머리에 새똥이 묻으면 새똥이 묻은 자리는 머리털이 나지 않는다는 경고성 이야기도 하곤 했다. 그렇게 독한 조류들의 똥이 나뭇가지에 묻으면 새들의 변보다 더 생명력이 강한 씨앗은 소화도 되지 않은 새똥 속에 씨앗은 싹을 틔우기도 한다.

그리고 나뭇가지 위에서도 싹이 트고 생명이 안착하면 당당히 나무의 물과 영양분을 뿌리로 섭취하고 자기가 자랄 자리로 삶의 터전을 만들고 자리에 안착하기도 한다. 우리는 이런 식물을 기생 식물이라 한다.

이 얼마나 무서운 세상인가!?

굴러온 돌이 박힌 돌 뽑는다고 가지에 붙어사는 것도 화가 나는 일인데 뿌리까지 내리고 줄기와 가지로 나무의 영양분을 착취하려고까지 한다. 그리고 그 나무를 결국에는 죽게 만들고 자기 영역으로 삼는 것이다. 하기야 이런 일들은 우리나라보다는 열대 우림에 가면 흔히 볼 수 있는 광경이다. 여하간 식물들도 이리 말없이 화약을 이용하는 전쟁보다 소리 없이 살상하는 화학전이 총칼의 전쟁보다 더 무섭기도 하다는 생각이다.

이런 소리 없는 전쟁이 식물에만 있을까 의문이다. 동물들도 독으로 죽이고 그 시체를 영양분으로 삼으려는 식물들이 호시탐탐 도사리고 있다. 그동안 식물들의 좋은 점만 이야기하였지만, 식충식물들도 있다는 이야기에 주의를 기울일 필요가 있다. 동식물들도 사람들이 관리하기에 따라 달라진다는 이야기를 해야겠다.

백 명의 사람은 백 가지의 방법과 방식의 식성으로 살아간다고 한다. 지상의 동물도 하늘을 나는 새도 모두가 사는 방식이 다르고 무섭기는 마찬가지다. 사람들의 사생활도 겉만 보면 화려하고 멋있고, 당당하고, 아주 도덕적이고, 윤리적이며 도덕적인 삶, 질서 있는 삶을 누리는 것으로 보인다. 그러나 알고 보면 성질도 괴팍하고 이기적이고 경쟁적이며 약속을 잘 지키지 않을 때도 있다. 맛난 것만 먹으려 들고, 욕심은 한도 끝도 없는 것이 사람들의 삶이다. 자연에서 살아가는 생명을 취하면서 살아가는 자연의 생태계를 보면 동식물들도 비슷하다.

육식도 좋아하고, 채식도 좋아하고, 효소 식물들까지 몸에 좋다면 다 취하려는 사람들이 오히려 더 신사적인지도 모른다. 우리는 삶에 대한 이해심과 사랑의 배려, 감수성과 감사의 마음을 가지고 아름답게 살아가야 할 것이다.

식물의 성장

　나무는 언제나 스스로 만족하는 삶을 누리는 것 같다. 나무는 언제나 주변의 모든 것을 사랑한다고 나무 심는 나무꾼은 말하고 싶다. 나무는 자신을 사랑하고 주변 모두가 행복하기를 바라는 마음으로 살아 가는듯하다. 나무들이 사랑하는 것은 생명을 가진 모든 생명체를 아우르고 보살피는 천사 같은 삶이다. 그러나 나무들은 누구에게도 어느 생명체에게도 자기 삶을 도와주기를 바라는 일은 없다.
　나무가 사람들을 사랑한다면, 어떻게 사랑하는지는 사람보다 나무가 더 많이 아는듯하다. 사람이 나무를 사랑한다면, 어떻게 하여야 나무들이 좋아할지도 우리가 함께 생각해 봐야 할 일이다. 나무가 사람에게 줄 수 있는 것, 주는 것이 무엇이 어떻게 얼마나 있는지도 사람들이 알아야 할 일이다. 사람이 나무가 좋아할 일도 다 알 수 없고, 사람의 마음 또한 나무들이 다 알기는 힘들지 않을까! 그러나 나무 또한 사람의 마음을 다 볼 수도 없고 다 알 수도 없지 않겠는가?
　나무를 모르는 사람들에게 새로이 나무 공부를 하게 하는 일은 참으로 쉬운 일은 아닌듯하다. 그러나 나무들은 사람들과 같이 대가를 바라거나 이익을 구하는 그 정도의 수준 얕은 생각은 아니다.

나무가 일생을 살아가는 모습을 보아도 알고, 나무가 하는 일을 보아도 알고 남는다. 나무들은 살아서는 살아있는 대로 모든 생명체를 아우르고 죽어서는 목재로 그리고 곤충 같은 생명체의 보금자리도 되고, 동물들의 먹이로 다른 식물들의 영양제로 이용되기도 한다. 목재로 우리들 주변에서 사용되는 일은 수천 가지다. 건축재로, 선박재로, 토목재료로, 문화 융성 재로, 교육용 재료로, 의료용품 재료로, 기타 산업재로 용도가 만 가지가 되고도 남는다. 이를 우리 부모님들은 오만가지에 다 쓰인다는 표현을 쓰셨다.

나무의 마음도 사람들이 다 알 수도 없고 다 모르니 더 사랑할 수도 더 미워할 수도 없는 일이다. 그러나 나무들이 사람들을 미워하고 나무들이 사람들에게 피해를 주는 일은 거의 없다. 나무가 하는 일이 어떤 일들이 좋은지 사람이 나무에 하는 좋은 일은 어떤 것이 있는지도 궁금하다.

한 번쯤은 우리들이 나무가 하는 일은 무엇이 있는지 진지하게 생각하고 연구도 해보아야 할 일이다. 보이지 않는 불가분의 관계는 무엇인가? 나무와 현대 과학의 차이는 어떤 것들이 있을까? 여러분이 나무에 관하여 궁금한 점을 요즘 좋은 인터넷에 한 번이라도 검색하여 보기 바란다. 임들에게 자연에 관하여 나무들에 관하여 많은 도움이 되리라는 생각이다.

사람들은 나무들의 좋은 점을 참 많이 알고 있다.

당장 공기정화로 우리들의 호흡을 돕고 있다. 신선한 산소의 공급, 미세먼지의 정화기능 등등. 그래서 나무 심기를 사람들은 주저하지 않고 좋아한다. 나무를 심는 일, 나무를 가꾸는 일이야말로 공공적이고, 공익적이며, 산업육성을 위하는 국가적인 일이다.

누가 나무를 몇 주를 심던지 누구에게나 좋은 일이다. 남자와 여자. 어린이와 어른을 구분할 일이 아니다. 이렇게 좋은 나무를 심지도 않고, 가꾸지도 않고, 나무에 관심조차 없는 것이 참으로 신기한 일이다. 하긴 우리가 숨 쉬는 공기가 그렇고, 우리가 살아가는데 필요한 태양이 그렇고, 우리가 살아가는 데 없어서는 안 될 자연환경이 그렇다. 그러나 누구나 당연한 일이고 당연한 현실이다.

나무를 심는 일은 당장 필요한 준비물과 심을 곳이 문제다. 나무를 심을 장소의 문제가 제일 클 것이고, 심어 놓고도 관리하고 유지 보존하는 일도 관심을 가지지 않고는 쉬운 일이 아니다. 나무 심는 나무꾼처럼 물을 주는 장비도, 심는 장비도, 관리할 수 있는 장비도 새롭게 투자하기는 연속성의 작업이 아니기에 힘들다는 게 사실이다. 그러나 누구나 나무에 대한 좋은 점, 사람들에게 득이 되는 점, 나무들의 가치성과 나무들의 경제성 등등 나무의 필요성은 참으로 가지가지 여러 가지다.

우리가 나무에 대하여 학교에서, 사회에서, 언론 방송으로 배우면서, 알고, 살면서 느낌으로, 상황에 따른 나무의 필요성 때문에, 나무의 공익적 가치로도 나무가 개인적으로 필요에 의하여서도, 법적 제도적으로, 의무적으로 심어야 하는 일들이 발생하여서 이러한 일들의 사연은 많을 것이다.

여하간 사람들은 사회적으로, 경제적으로, 환경적 문제로 살다가 보니 나무의 고마운 점, 나무의 필요성, 나무들의 좋은 점, 나무들의 필요한 점들이 자꾸만 늘면 늘지 줄지는 않을 것이다. 나무는 살아서도 중요한 일들을 참 많이 한다. 그러나 나무들은 생명을 잃어도 사람들에게는 없어서는 안 될 소중하고 참으로 고마운 존재다.

나무 심는 나무꾼이 좀 과장해서 이야기한다면, 나무들은 죽어서도 오만 가지 이상의 용도로 우리 생활 주변에서 동거동락하는 생활의 어디서나 필요하고, 보고 싶고, 아름답고, 향기롭고, 푸근하고, 고맙고, 편안하고, 사랑스럽고, 의지하고 싶고, 앉고 싶고, 눕고 싶고, 만지고 싶고,…. 오만가지 사용처라 하고 싶다.

연필이 그렇고, 노트가 그렇고, 책상이 그렇고, 책장이 그렇고, 옷장이 그렇고, 옷걸이가 그렇고, 지팡이가 그렇고, 등받이가 그렇고, 식탁이 그렇고, 나무 수저가 그렇고, 나무 쟁반들이 그렇고, 교회 십자가가 그렇고, 불교의 염주가 그렇다. 오만가지가 넘을듯하다.

이 좋은 나무들은 우리가 먹어도 되는 나뭇잎인지? 우리가 먹어도 되는 나무뿌리인지? 우리가 먹어도 되는 줄기인지를? 우리가 먹어도 되는 열매인지를 알아두는 상식도 필요하다. 우리가 먹으면 괴로운 나뭇잎, 줄기, 뿌리인지도 상식적으로 알아둘 일이다. 알아보는 이야기는 다음 또 다음 나무 이야기에서 계속하기로 하자. 나무꾼의 나무 이야기를 읽어 주시는 분들의 더 많은 나무의 지식을 공유하고 싶은 마음 간절하다. 이참에 여러분들의 나무에 관한 소식도 내 블로그에 올려 주시면 공공적이고 공익적으로 참 많은 도움이 되리라는 생각이다.

식물의 성장 229

나무 심는 나무꾼 **이 종 만**

나무이야기 ⑪

『나무와 더불어 사는 삶』

초판발행	2021년 12월10일
지은이	이 종 만
펴낸이	정 호 영
편집	이 안
디자인	박 규 리
펴낸 곳	도서출판 홍두깨
등록	제306-2012-24호(2012.08.13)
주소	서울특별시 중랑구 용마산로 115길 37-6
전화	(대표) 02) 2208-3647
	010) 2340-3647
home page	http://hdkbook.cafe24.com/
E-Mail	hdk@seoul.korea.com

*저작권은 저자에게 있으며 무단 전재 및 복제를 금합니다.
*잘못 만들어진 책은 구입 서점에서 교환해 드립니다.
*저자와의 협의에 의하여 인지는 생략합니다.

값 13,000원

ISBN: 979-11-88653-18-8(03810)